Meinem Opa Franz

Erstellt mit LaTeX auf Ubuntu-Linux
Inhalt und Umschlag: Michael Ibrahim
Lektorat: A. Scherbel und Chr. Müller

Verlag und Druck: tredition GmbH
Halenreie 40-44, 22359 Hamburg
https://tredition.de

1. Auflage 2020
© 2020 Michael Ibrahim

ISBN-Nummern für dieses Buch:
978-3-347-12752-4 (Paperback)
978-3-347-12753-1 (Hardcover)
978-3-347-12754-8 (e-Book)

Die erwähnten historischen Gegebenheiten wurden sorgfältig
recherchiert. Es wird kein Anspruch auf Vollständigkeit und
Ausgewogenheit der geschichtlichen Darstellung erhoben.
Vielmehr soll ein Interesse an den komplizierten
Verflechtungen zwischen dem Individuum und der Gesellschaft
geweckt werden.

Altersempfehlung: ab 16 Jahren

Bruder Brahim

Wege des Friedens

Eine Erzählung zum Nachdenken
für Jugendliche und Erwachsene

vollendet im Jahr der Pandemie 2020

Inhaltsverzeichnis

Assalamu aleikum

Ich grüße erneut mit dem islamischen Friedensgruß, der mir nun schon sehr vertraut ist, und wünsche euch, meinen Lesern, viel Unterhaltung aber auch Denkanstöße. Besten Dank für eure Wertschätzungen zum ersten Buch! Es hat mich sehr gefreut, dass es viele so tief berührt hat. Interessant war für mich, dass jeder daran etwas anderes spannend fand. In Band I startete ich mit meiner persönlichen Lebensgeschichte, aber schon mit den universellen Fragen: „Wer bin ich? Wodurch definiere ich mich? Wie bin ich aufgewachsen? Welche Erfahrungen habe ich gemacht? Wie sehe ich die Welt? Bin ich ein anderer, wenn ich in einer fremden Umgebung lebe oder gar meine Religion wechsle?"

Es ging also um das Erlebte, um Selbstfindung und um die Sinnsuche im Leben. Die philosophischen Fragen waren eng an mein Leben angelehnt, aber viele von euch haben sich diese Fragen auch schon gestellt, denn sie schlummern in jedem von uns. Darüber hinaus habe ich von meinen Erfahrungen mit den östlichen Lehrmeistern und dem Islam berichtet. Mit diesen Lehren haben sich im Westen wohl eher wenige Menschen beschäftigt. Ich berichtete bereits von den drei großen Yogis, Yogananda [1], Sri Sri Ravi Shankar [2] und Sadhguru [3] sowie den Aikidomeistern, von denen ich lernen durfte und deren Arbeit ich in Kapitel 3 noch ausführlicher darstellen werde. Aber auch für tiefgehende spirituelle Einsichten gilt die alte Weisheit:

> Vor der Erleuchtung:
> Holz hacken und Wasser tragen.
> Nach der Erleuchtung:
> Holz hacken und Wasser tragen.
> *Aus dem ZEN-Buddhismus des 5. Jahrhunderts*

In diesem zweiten Band geht es weniger um die Maxime *Finde dich selbst!* als vielmehr um *Finde inneren Frieden!* Das passt auch gut zu meiner persönlichen Geschichte, denn der Islam will ja seinem ursprünglichen Sinne nach eine Religion sein, die dem Herzen wahrhaftig den Frieden bringt. Der erste Band endete damit, wie man sich auf verschiedenen Wegen selbst finden kann, aber wie findet man nun seinen inneren Frieden? Ich persönlich finde ihn, wenn ich die Yoga- oder Bewegungstechniken meiner Meister praktiziere und in ihr tiefes Wissen eintauche, auf das ich auch in diesem Buch wieder an den passenden Stellen verweisen werde.

Wie auch im ersten Buch werde ich keine abgeschlossene Geschichte erzählen oder gar ein Kochrezept aus festen Dogmen liefern, wie man sein Leben zu gestalten hat. Ich werde auch in diesem Buch weiterhin die Haltung eines Suchenden annehmen, der seine Erfahrungen weitergibt, aber auch zum Reflektieren und Nachdenken anregen. Ohnehin dachte ich, dass mit dem ersten Buch schon alles gesagt sei, was ich meiner Familie, meinen Freunden, Schülern und den sonstigen interessierten Lesern so erzählen wollte. Aber Tag für Tag kamen wieder neue Gedanken, die ich für wert hielt, mir erneut die Nacht um die Ohren zu hauen und zu schreiben. Manchmal ist es die eigene Reflexion über aktuell Erlebtes, manchmal ein Gegenstand, dann meine innere Stimme, die mich immer wieder auf etwas hinweist.

Den endgültigen Startschuss zum zweiten Teil meines Buches erhielt ich, als mir die Kriegstagebücher meines Opas Franz in die Hand fielen. Die Erfahrungen der Kriegsepoche sind der heutigen Jugend in Deutschland nicht mehr zugänglich. Viele Schauplätze des Zweiten Weltkrieges habe ich im Laufe der Zeit besuchen können und mit Historikern gesprochen, um mein schlechtes Schulwissen aufzubessern. Den Rest musste ich aus allgemein zugänglichen Quellen ergänzen. Vielen Dank an dieser Stelle an meinen Kollegen Andreas, der mir viele geschichtliche Zusammenhänge neu bewusst und auch einige inhaltlichen Korrekturen gemacht hat. Mein Ziel ist, vor allem Jugendlichen die zahlreichen Kriege, Konflikte und menschlichen Abgründe erfahrbar zu machen, aber mit der spirituellen Botschaft, dass wir darüber hinauswachsen können. Im ersten Kapitel arbeite ich mich daher vom zweiten Weltkrieg bis zur Gegenwart vor, wobei die historischen Fakten verknüpft sind mit den persönlichen Erfahrungen meines Opas, die aus den handschriftlichen Aufzeichnungen und seinen persönlichen Erzählungen stammen, oder solchen, die ich selbst erlebt habe.

Im zweiten Kapitel beschäftige ich mich dann eingehend mit dem Ursprung von Konflikten, die ich im ersten Teil schon angesprochen habe. Diese sind tief in uns implementiert, in unserem Körper und in unserem Geist. Mit dem Wissen, das ich durch die Yogis erhalten habe, werde ich als Lehrer und Vater etwas über die Probleme in der Erziehung sprechen sowie Anregungen geben, wie man Verbesserungen erzielen und mit schwierigen Situationen umgehen könnte. Es ist aber kein Erziehungsratgeber, denn Erziehung ist auch für mich die größte Herausforderung meines Lebens! Vielmehr beleuchte ich die inneren Quellen von Konflikten und Möglichkeiten zur Transformation der Situation.

Im dritten Kapitel geht es um Werte und Paradigmen. Wir leben in einem Zeitalter, in dem die Technik so weit entwickelt ist, dass sie nicht nur für viele Menschen, sondern auch für das Ökosystem Erde eine Bedrohung geworden ist. Aber trotz unserer Macht, die die Technik uns verleiht, benehmen wir uns noch wie unreife pubertierende Kinder, die sich in Konflikte verwickeln und den tieferen Sinn des Lebens überspielen wollen. Ich stelle die Frage, was das Lebendige auszeichnet, und zeige, dass wir die Freiheit haben, diese Werte zu leben, unseren eigenen Weg zu wählen und unsere Entwicklung selbst zu bestimmen. Es folgenden eigene Erfahrungen aus den geschilderten Wegen zur Transformation und Weiterentwicklung der eigenen Persönlichkeit, aber auch mit Warnungen, nicht den Verführern zu folgen.

Im vierten Kapitel geht um die Strukturen, die aus solchen Werten entstehen sollten, in Bezug auf das Zusammenleben in der Familie, in Gesellschaften und Nationen. Es geht aber auch um die Wirtschaftssysteme und politischen Systeme, die wir zukünftig entwickeln sollten, so dass auch kommende Generationen noch existieren und ihr eigenes Glück finden können. Ich werde versuchen ein paar Utopien zu formulieren, die ich für realistisch halte. Im Bezug auf Gesellschaften werde ich als Warnung auch diejenigen nennen, die gescheitert sind oder von denen abzuraten ist.

Das fünfte Kapitel war zunächst nicht vorgesehen, ergab sich dann aber aufgrund der massiven Krise, die die Covid-19-Pandemie für uns alle bedeutete. Es enthält ganz persönliche Reflexionen zu dieser Krise, ein kleines Tagebuch sowie eine Reflexion, was Krisen in unserem Leben bewirken können, wenn wir innerlich zentriert und bereit sind. Im Bezug auf die globale Krise der Menschheit endet es mit der Frage, wohin die Menschheit sich entwickeln könnte. Viele der Fragen und Diskussionen stammen aus dem Unterricht in der Oberstufe und aus Gesprächen mit Freunden.

Auch dieser zweite Band ist zu großen Teilen autobiographisch und nimmt dadurch manchmal Bezug auf vergangene und aktuelle Ereignisse. Er ist aber thematisch weitgehend unabhängig vom ersten Band und auch verständlich, ohne ihn gelesen zu haben. Da es aber einige Verweise auf den ersten Band *Wege zwischen Welten* gibt, befindet sich dessen Inhaltsverzeichnis noch einmal im Anhang.

Wenn ihr mir Fragen, Kommentare oder Feedback senden wollt und mich persönlich nicht kennt, dann schreibt am besten eine E-Mail an: post@bruder-brahim.de

Und nun wünsche ich, dass dieses Buch helfen möge, etwas tiefer in das Mysterium des Lebens einzutauchen und trotz dem ganzen Corona-Wahnsinn dem inneren Frieden ein kleines Stückchen näher zu kommen.

Vorwort

Gestern war ich klug
und wollte die Welt verändern,
heute bin ich weise
und möchte mich selbst verändern.
Rumi

1 Krieg und Vernichtung

1.1 Wann wird der Wahnsinn enden?

„Runter mit dir Franz, du hast gleich eine Kugel in der Rübe! Soldaten, still und Gewehre anlegen. Der Feind naht!"
Amerikanische M22-Panzer der 9. Panzerdivision rollen über die Landstraße auf den kleinen Ort Bundenbach zu, der idyllisch in der hügeligen Landschaft liegt. Die Bevölkerung war schon vor einigen Tagen in die nahegelegenen Schiefergruben geflohen und harrte dort nun aus, bis dieser letzte Kampf entschieden wäre. Zitternd liegen die wenigen Wehrmacht-Soldaten, denen die Verteidigung dieses Ortes befohlen wurde, hinter einem Misthaufen im Dreck und schauen sich an. An der Ratlosigkeit ihrer Gesichter ist abzulesen, dass es für diese Situation nun kein Protokoll mehr gibt.
Der Führer hatte immer wieder gebrüllt: „Ein deutscher Soldat ergibt sich nicht! Er opfert sich für sein Vaterland!" Nach den vielen Monaten des Rückzugs und der Neuformation waren sie jedoch kampfmüde und nur noch leicht bewaffnet. Wie lächerlich Hitlers Kampfparole „Wir aber stellen den Menschen gegen das Material!" angesichts der heranrollenden amerikanischen Kampfpanzer erschien! Die Soldaten im vorausfahrenden Spähpanzer würden sie schließlich jeden Moment entdecken. Nun stand ihnen der Tod wohl unmittelbar bevor.

„Für mich ist der Krieg vorbei, ich will nach Hause! Was machen wir nur in diesem Dreck? So eine Scheiße wünscht man nicht einmal seinem schlimmsten Feind! Ich hoffe, dass es so einen Krieg nie wieder geben wird! Mir reicht's!" Heinrich wirft seine Pistole in den Misthaufen und geht auf den offenstehenden Kuhstall zu. Der kommandierende Unteroffizier zieht die Pistole und, noch bevor Franz und seine Kameraden reagieren können, sackt Heinrich vor der Tür des Stalles leblos zusammen. „Will noch jemand desertieren oder dem Feind unsere Stellung verraten? - Nein? - Gut, dann werde ich mit euch zweien nun die Panzer direkt angreifen. Marsch!"

Die ersten beiden Kampfpanzer haben den Ort erreicht und werden von den Wehrmacht-Soldaten aus den ersten beiden Wohnhäusern mit Granaten beschossen. Blitzschnell drehen sie ihren Turm und schießen die Häuser in Schutt und Asche. Franz beobachtet, wie die Kameraden und der Unteroffizier aus dem brennenden Haus springen und zu Tode stürzen. Er harrt mit den Verbleibenden weiter im Misthaufen aus.

„Ich hatte schon bei meinem Einzug im September 1941 ein mieses Gefühl, dass dies alles einmal in einem großen Elend enden wird und dass der so hochgelobte *Herr Führer* sich doch als Spinner entpuppt!", sagte eine mir wohlbekannte Stimme in einem ernüchternden Ton. „Kann man eine leuchtende Zukunft eines Volkes auf Ausbeutung und Vernichtung eines anderen aufbauen? Wie kann man Millionen von Menschen als *unwertes Leben* deklarieren, sie vernichten lassen und nur das eigene Volk und seine Verbündeten akzeptieren? Immerhin hat heute morgen Rüstungsminister Speer Hitler erläutert, dass der Krieg aus seiner Sicht nicht mehr zu gewinnen sei. Wäre Hitler hier auf dem Schlachtfeld und hätte er die Jagdbomberangriffe der letzten Tage gesehen, hätte er es wohl selbst mitbekommen. Aber jetzt heißt es: *Die Geister die ich rief, werde ich nun nicht mehr los!* - Diese Schmach und das Schlamassel, welche aus dieser verbrecherischen Führung resultieren, haben nun nicht nur wir Soldaten, sondern das ganze Volk auszubaden. Unsere Städte werden Tag und Nacht von alliierten Flugzeugen bombardiert, unsere Häuser von Panzergranaten durchlöchert und wenn Gott uns nun nicht beschützen wird, ist unser Leben auch gleich zu Ende! Hass erzeugt nur Hass und Vernichtung!"

„Halt's Maul, Franz! Lass die großen Reden! Die Amis durchlöchern uns gleich, wenn wir nicht aufpassen. Siehst du da hinten den Schwarzen auf uns zukommen? Da, an der Hauswand entlang! Rutsch zur Seite, ich knall den jetzt ab!"
Mit einer harschen Bewegung stößt Franz seinem Kameraden Heinz sein Gewehr in die Rippen, als dieser zum Schuss anlegt. „Hör auf damit, Heinz, es ist vorbei! Kapierst du es nicht? Wir haben keine Chance mehr! Wir müssen uns ergeben."

Mit einem Male war es unheimlich still, nur die Vibrationen und das Rattern der Ketten der Panzer waren zu vernehmen. Plötzlich ein lauter Ruf: „Hey, you guys! Come out!"
Heinz schossen die Trägen in die Augen, als er realisierte, dass Franz Recht hatte. Es gab nichts mehr zu verteidigen außer dem eigenen Leben. „Franz, bitte geh du als Erster! Ich hab doch 'ne Frau und zwei Kinder zu Hause. Was ist, wenn der Schwarze mich einfach über den Haufen schießt? Bitte!"

Franz riss einen Teil seines ohnehin schon zerfetzten Unterhemdes ab, band es an die Spitze seines Gewehres und streckte es wedelnd in die Höhe. Wieder ertönte die laute Stimme des Schwarzen: „Hey, you! Come out and hands up!"

Franz ließ sein Gewehr, die Braut des Soldaten, in den Dreck gleiten und verließ zitternd und mit erhobenen Händen den Schützengraben, wohl wissend, dass sein Leben auch jetzt noch durch irgendeine Unachtsamkeit in Sekunden zu Ende sein könnte. Ein letztes Stoßgebet zum Herrgott und noch ein paar Schritte und er stand direkt vor dem Gewehrlauf des Schwarzen, der zu seiner Verwunderung ihn zwar mit fester Stimme herumkommandierte, aber ebenfalls zitterte.

Es dauerte eine Zeit lang, bis alle anderen aus den Gräben hervorkamen. Die Amerikaner sammelten die Soldaten an der Kirche. Der Pfarrer und ein alter Mann, der gut Englisch sprach und schon einmal nach Amerika gereist war, kamen hinzu. Sie verhandelten mit den Amerikanern. Dann wandten sie sich an die Wehrmachtssoldaten: „Es ist vorbei, Männer! Ihr seid jetzt Kriegsgefangene und werdet die Heimat fürs Erste nicht wieder sehen. Steigt auf die LKWs dort hinten! Sie nehmen euch mit und werden euch in Arbeitskommandos einteilen!"

Die gefangenen Soldaten wurden abgeführt und auf einen LKW verladen. Dieser fuhr sie zu einem großen und mit Stacheldraht eingezäunten Feld, einem Lager für Kriegsgefangene. Schon wieder saßen sie da, im Schlamm, und vor lauter Hunger griffen sie durch den Zaun, rissen Gras aus und kauten auf den Grashalmen herum, bis ein Tag später endlich ein Truck mit Essen heranrollte. Es gab nur eine dünne Suppe, aber kein Geschirr. Franz fand eine rostige Dose zwischen ein paar Steinen, in die er sich die Suppe gießen ließ. Doch als er austrinken wollte, riss ihm ein anderer die Dose vom Mund weg ...

Ich schreckte zusammen und sprang auf: „So ein Drecksack! Ich werde ihn umhauen!" Doch dann merkte ich, dass dies wieder einer meiner lebhaften Träume war, denn mein Opa Franz war schon vor Jahren verstorben. „Hey, aber an all diese Geschichten erinnere ich mich noch ganz genau! Er hat mir sie oft erzählt. Immer wenn ich als Teenager bei Oma und Opa war, saß Franz in seinem großen Ledersessel und erzählte mir Kriegserlebnisse. Sie waren bis heute in mir präsent.

Ich tat mich schwer, wieder ins Bett zu gehen, um zu schlafen. Ich suchte stattdessen nach den Tagebüchern und alten Feldpostbriefen, die ich vor Kurzem in Opas Haus gefunden hatte, als wir dort die Möbel ausräumten und es renovierten. Es war so seltsam für mich, dieses Haus auszuräumen, denn damit ging die Ära meiner Kindheit zu Ende - so viele sichtbare Erinnerungen an das letzte Jahrhundert wurden mit dem Abhängen der Bilder und dem Abziehen der alten Tapeten entfernt. Zurück blieben nur ein paar Fotoalben und zwei Tagebücher, die auf vergilbtem Papier mit der Hand verfasst waren, Gott sei Dank nicht in Sütterlin, sondern bereits in neuerer Schreibschrift.

Endlich fand ich das Tagebuch in einem Regal in meinem Büro, mitten in einem Bücherstapel über Weltreligionen. Ich setzte mich ins Wohnzimmer und begann zu lesen, während es draußen gerade dämmerte. Die Katze, die ich durch meinen nächtlichen Schrei aufgeschreckt hatte, kam durch die Tür hineingeschlichen, legte sich auf meinen Schoß und schlief dort ein. Ich beruhigte mich und erinnerte mich an eine Situation, als Opa schon Wochen vor seiner Gefangennahme geflohen war. Nach ein paar Minuten Herumblättern fand ich die Stelle. Der Eintrag ist auf den 8. März 1945 datiert. Er war wohl sehr aufgebracht an diesem Tag. Deshalb fasste er einen kühnen Entschluss:

Ich desertierte kriegsmüde von meiner Einheit und schlug mich durch den Hunsrück bis nach Hause durch, voller Sehnsucht die Familie und meine geliebte Gretel wiederzusehen. Auf dem Weg durch die Wälder träumte ich davon, dass ich wie im Gleichnis des verlorenen Sohnes heimkehren und mein Vater mich nach all den Entbehrungen des Krieges freudig und erleichtert empfangen würde. Aber es kam ganz anders. Mein Vater war geschockt, dass ich desertiert war, denn er wusste, dass man dafür an die Wand gestellt und erschossen werden könnte. Sofort als ich ihn grüßte, wies er mich zurecht und versteckte mich in der Scheune, denn überall wimmelte es von Spitzeln. Anstatt mit der Familie meine Rückkehr zu feiern, verbrachte ich also die Nacht bibbernd in der Scheune bei den Tieren. Am nächsten Morgen konnte ich meine Schwester und meine geliebte Gretel für ein paar kurze Momente sehen. Danach erhielt ich unser altes Fahrrad und musste versprechen, sofort wieder zu meiner Einheit zurückzukehren. Ich fand sie nicht mehr, denn die Soldaten waren schon weiter gezogen. Als ich mit dem Fahrrad so durch die Wälder fuhr, schmiedete ich den Plan, bis tief in den Hunsrück vorzudringen und mich bei der nächstbesten Einheit als „versprengt" zu melden. Dann konnte ich nur noch hoffen, dass mein Plan nicht aufflog.

Nach einigen barschen Worten und der Androhung, dass ich auch nach einigen Tagen noch jederzeit eine Kugel in den Kopf bekommen könne, wenn ich noch einmal versuchen würde abzuhauen, schickte mich mein neuer Vorgesetzter in den Funkerwagen, wo ich auch zuvor gedient hatte. Ich hatte das Glück, dass ich während des ganzen Krieges keinen einzigen scharfen Schuss abfeuern musste. Ein paar Wochen hatte ich nun wieder Ruhe, doch dann wurde der Funkverkehr eines Tages plötzlich hektisch. Per verschlüsseltem Morsecode empfing ich soeben:

„Feindliche Truppen rücken in deutsches Gebiet ein! Der Rhein wurde bei Arnheim von alliierten Panzern überquert!"[1]

Diese Einträge kamen mir als Enkel im Jahr 2020 alle so unvorstellbar vor. In seinem Büchlein lag ein Zeitungsartikel mit der Überschrift „50-Jahre Kriegsende". Jetzt nachdem wir seit mehr als einem halben Jahrhundert Frieden in Europa haben, kann ich mir kaum vorstellen, dass man erschossen wird, nur weil man erkannt hat, wie sinnlos es ist, sich gegenseitig niederzumetzeln.

Ich sollte jeden Tag eine Gedenkminute und einen Moment der Stille einlegen und dafür dankbar sein, dass ich alles das nur aus Träumen, Erzählungen und ein paar Bundeswehrmanövern[2] kenne. Und wir, die wir uns erinnern, sollten diese schmerzhaften Erfahrungen unseren Kindern und Kindeskindern weitergeben, was ich mit der Zusammenfassung der Erlebnisse meines Opas Franz hier nun getan habe. Aber der Wahnsinn des Krieges ging und geht auch heute noch weiter. Obwohl ich mich als Jugendlicher nie für Geschichte interessiert habe, bin ich in meiner Tätigkeit als Physiklehrer immer wieder auf die dunklen Seite der Menschheit in der Nachkriegsgeschichte gestoßen, an die ich in diesem Kapitel vor allem die Jugendlichen unter meinen Lesern erinnern möchte.

---

[1] Anmerkung: Der Text ist zusammengefasst wiedergegeben. Auszüge aus den Originaleinträgen des Kriegstagebuchs befinden sich in Anhang A.
[2] Die Geschichte hierzu findet man in Band I auf Seite 8.

1.2 Feuerbälle über Japan

Vor einigen Jahren hatte ich die Gelegenheit, zehn Schülerinnen und Schüler, die sich mit dem Thema Nachhaltigkeit beschäftigt hatten, beim Japanaustausch zu begleiten, wo sie mit den Japanern diskutieren sollten. Ziel war die Stadt Hiroshima, wo wir privat unterkommen würden. Schon oft hatte ich im Physikunterricht in den zehnten Klassen ausführlich den Abwurf der Atombomben, am 6. August 1945 auf Hiroshima und drei Tage später auf Nagasaki, thematisiert. Außer Fragen zur Funktionsweise von solch mächtigen Bomben stellten die Schüler sehr viele geschichtliche und ethische Fragen:

„Wieso hat Japan nicht aufgegeben, dann wäre doch der Krieg vorbei gewesen? War es wirklich notwendig, diese Bomben zu werfen? Wieso gerade auf diese beiden Städte? Haben sich die Amerikaner danach zu ihrer Schuld bekannt und wurden sie bestraft? Sind die Japaner heute noch sauer auf die Amerikaner? Wie sieht Hiroshima heute aus? Kann man da jetzt rumlaufen, wo dort doch alles verstrahlt ist?"

Ich versuchte einige der Fragen ad hoc zu beantworten: „Also Leute! Nachdem Deutschland am 8. Mai 1945 kapituliert hatte, ging der Krieg für das verbündete Japan noch weiter. Die USA, mit denen Japan seit dem Angriff auf Pearl Harbor am 7. Dezember 1941 im Krieg lag, forderten zusammen mit Großbritannien die bedingungslose Kapitulation. Dies war jedoch für das japanische Volk undenkbar, da dann sein Gottkaiser, der *Tenno*, womöglich in Kriegsgefangenschaft gegangen und entehrt worden wäre. Also erduldeten die Japaner weiterhin die Angriffe der Alliierten, die ihm mit Vernichtung drohten, sollten sie nicht kapitulieren. Die *Atombombe* war im sogenannten

Manhattan Projekt an einem geheimen Ort namens Los Alamos, in der Wüste von Nevada, auf Befehl des Präsidenten Roosevelt unter großen Anstrengungen von amerikanischen Wissenschaftlern und Ingenieuren entwickelt worden und sollte ursprünglich gegen das Hitler-Regime eingesetzt werden. Wir können also in gewisser Weise Gott dankbar sein, dass sie nicht über Berlin, Hamburg, München oder Frankfurt gezündet wurde. Präsident Truman, der bis zum Amtsantritt nichts von dieser streng geheimen Waffe wusste, befahl am 25. Juli General Spaatz den Einsatz der Spezialwaffe, wobei er einen Angriff nach dem 3. August anordnete. Die Amerikaner hatten schon ca. 70.000 Soldaten im Pazifik-Krieg verloren und Truman befürchtete eine weitere Eskalation des Krieges, sollten Landungen auf weiteren Inseln nötig sein. Die amerikanischen Soldaten hatten selbst größten Respekt vor dieser Waffe, die zuvor nur genau einmal, nämlich beim *Trinity-Test* in Nevada, gezündet worden war. Ein christlicher Geistlicher sprach deshalb folgendes Gebet für die Besatzung des Bombers[3]:

> *Allmächtiger Vater, der Du die Gebete jener erhörst, die Dich lieben, wir bitten Dich, denen beizustehen, die sich in die Höhen Deines Himmels wagen und den Kampf bis zu unseren Feinden vortragen. [...] Wir bitten Dich, dass das Ende dieses Krieges nun bald kommt und dass wir wieder einmal Frieden auf Erden haben. Mögen die Männer, die in dieser Nacht den Flug unternehmen, sicher in Deiner Hut sein, und mögen sie unversehrt zu uns zurückkehren. Wir werden im Vertrauen auf Dich weiter unseren Weg gehen; denn wir wissen, dass wir jetzt und für alle Ewigkeit unter Deinem Schutz stehen. Amen.*

---

[3]siehe Seite 7 in [4]

Die drei Bomber, die am 6. August 1945 Richtung in Hiroshima flogen, wurden zwar von der japanischen Luftraumüberwachung entdeckt, aber der Alarm wurde aufgehoben, weil man sie nur für eine Aufklärungspatrouille hielt. Jene Uran-Bombe namens *Little Boy*, die Paul Tibbets in der Enola Gay ins Ziel flog, war erst während des Fluges in mehreren Montageschritten scharf gemacht worden. Tibbets warf um 8:15 Uhr in etwa zehn Kilometern Höhe die Bombe direkt über Hiroshima ab und startete sofort das Wendemanöver, um dem Höllenfeuer und der Druckwelle zu entkommen. Er hatte genau eine Minute, dann explodierte Little Boy planmäßig in 600 Meter Höhe. Die Bombe radierte Hiroshima von der Landkarte!"

Für einen Moment war es totenstill in der Klasse! Alle Jungs und Mädels schauten mich entsetzt an, teils mit Tränen in den Augen. Ich konnte ihre Gedanken lesen: „Wie können Menschen so etwas tun? Diese Tat hat so viele Zivilisten auf einen Schlag getötet, darunter auch Kinder wie wir!"

Nach etwa zehn Sekunden in Stille sagte ich: „Es geschah aus einer ganz anderen Denkweise heraus! Es war seit Jahren Krieg und täglich fielen tausende von Menschen. Ein Menschenleben schien nichts mehr wert zu sein, schon gar nicht das der Gegner. Durch die Kriegspropaganda nahm man den Soldaten der gegnerischen Seite gar nicht mehr als Menschen wahr, sondern als gefährliche Kampfmaschine. Die Militärs wussten, dass es nicht nur die in Hiroshima stationierten Soldaten das Leben kosten wird, sondern auch die Zivilbevölkerung jeglichen Alters. Ursprünglich wurde darüber diskutiert, ob man diese Bombe zur Abschreckung über unbewohntem Gebiet abwerfen solle, um Stärke zu demonstrieren, entschied man sich für eine Stadt, in der nur wenige amerikanische Gefangene waren!

So kam es also für die Japaner zu der für sie undenkbaren Situation, dass der Tenno selbst die Kapitulation verkündete - der Mythos der Unbesiegbarkeit Japans war gebrochen! Dennoch verschonten die Amerikaner den Kaiser und verurteilten statt dessen nur seine Generäle. Es wurde niemals untersucht, ob der Abwurf der Atombombe als Kriegsverbrechen einzustufen ist. Zum einen wegen der ungeheuren wirtschaftlichen und militärischen Macht der USA und zum anderen aber hatten die USA ein Veto-Recht in der neu gegründeten UNO."

So wurde aus der Physikstunde mehr eine Stunde mit politischen Themen, aber das war gut so, denn die Frage nach der Verantwortung von Naturwissenschaftlern und Technikern wird trotz ihrer essentiellen Bedeutung fast nie gestellt. Viele Menschen in unseren Tagen sprechen von den Verbrechen einer militärisch-industriellen Machtelite, die sich aber nur unzureichend definieren lässt. Letztendlich sind wir alle verantwortlich, die aktuelle Denkweise, das sog. *Paradigma* zu überprüfen und den Wahnsinn in unserer Zeit zu stoppen, vom Klimawandel bis zu autonomen Waffensystemen. Die Wirkungen unseres Handelns werden immer gewaltiger, so dass wir jetzt darüber nachdenken müssen, welche Auswirkungen unser Handeln für viele weiteren Generationen hat. Hierzu empfehle ich besonders, die Ausführungen des jüdisch-deutschen Philosophen Hans Jonas zu lesen, der sich schon vor einigen Jahren darüber intensiv Gedanken gemacht hat [5].

„Handle so, dass die Wirkungen deiner Handlung verträglich sind mit der Permanenz echten menschlichen Lebens auf Erden." Hans Jonas

Endlich war es so weit! Es war Herbst geworden und die endlose Vorbereitung des Japanaustauschs neben den schon alleine anstrengenden Stunden in der Mittelstufe und Oberstufe lag hinter mir. Die Anspannung war riesig und alles war akribisch vorbereitet, inklusive der Geschenke für jeden der Gastgeber. Ich hatte das große Glück, als Aikidomeister die japanische Kultur etwas zu kennen und zu wissen, dass den Japanern z.B. die Verpackung eines Geschenks ebenso wichtig ist wie sein Inhalt. So konnte ich einige peinliche Situationen vermeiden und den ausgewählten Schülern beibringen, wie man in Japan grüßt und wie man Geschenke überreicht.

Der Flug ging über Nacht und im Sonnenaufgang erblickten wir beim Anflug bereits den Berg Fuji. Die fehlenden Stunden, die wir aufgrund unseres Fluges gegen Osten verloren hatte, steckten uns noch in den Knochen. Müde wechselten wir das Flugzeug und landeten nach einigen Stunden schließlich in Hiroshima, welches direkt am Meer liegt. Schon von oben sieht man die Stadt umrandet von Bergen mit ihren vielen Flussläufen und den Inseln Ninoshima, Miyajima und Etajima im Seto-Binnenmeer liegen. Wüsste man nicht, dass sie einmal völlig zerstört gewesen war, würde man nichts Besonderes vermuten. Angekommen am Boden zeigt sie sich als weitläufig mit vielen Grünflächen und dem *Friedenspark* gleich in der Mitte.

Die Frage, wie man hier mit der Erinnerung an das schreckliche Ereignis des Krieges umgeht, wird uns schon gleich am ersten Tag und später erneut beim Besuch des Friedensparkmuseums beantwortet:
Das Ereignis ist im Alltag jedes Einwohners und Besuchers in mehreren Symbolen präsent, in dem Gebäude, welches die Bombardierung überstand und heute mit seinem verrosteten und zer-

Das Friedensdenkmal am Ground Zero in Hiroshima/Japan

Im Hintergrund das einzig verbleibende Gebäude aus Kriegszei-
ten, ein großer See und unter dem Torbogen brennt ein ewiges
Licht in Gedenken an die Opfer der ersten Atombombe in der
Geschichte der Menschheit.

störten Kuppeldach ein Mahnmal ist, in dem Feuer, das für die Ermordeten in der Mitte des Parks brennt, und in den vielen Bildern und Ausstellungsobjekten im Friedensmuseum, welches eine ähnlich erdrückende Wirkung hat wie ein Besuch auf den Massengräbern in Frankreich oder in einem Vernichtungslager. Als spiritueller Mensch spürt man die Energie des Todesengels und die Erinnerung an den Aufschrei der Seelen, die so plötzlich diese Welt verlassen mussten. Deswegen bin ich auch nicht dafür, Besuche an solchen Orten für Kinder verpflichtend zu machen. Es liefen ganze Grundschulklassen durch das Friedensmuseum und schauten sich Bilder von verbrannten Leichen an, bei deren Anblick selbst Erwachsene zusammenzuckten.

Aber eine Frage blieb noch: „Hassen die Japaner die Amerikaner für diese Tat?" Ich entschied mich, dies den japanischen Physik-Kollegen bei einer privaten Einladung zu fragen, denn es ist unüblich, in Japan öffentlich über solche Dinge zu reden. Die Antwort war sehr ehrlich und gleichermaßen unerwartet:

„Wir Japaner haben den Amerikanern verziehen, dass sie uns das angetan haben. Es sollte wohl so kommen und der einzige Sinn, den man in diesem Akt der Vernichtung sehen kann, ist die laute Erinnerung und Mahnung an die ganze Welt, dass das Krebsgeschwür des Faschismus niemals mehr so wuchern darf, dass es ganze Nationen vergiftet."

Diese Erkenntnis verbindet uns Deutsche mit den Japanern und besonders heute, wo wir in vielen Ländern einen starken Rechtsruck erleben, müssen wir uns jeden Tag erneut mühen, den Frieden zu erhalten und zu stabilisieren. Trotz dieser Erkenntnis gab es auch schon in meiner Jugend Momente, in denen es fast zu einem dritten Weltkrieg gekommen wäre.

1.3 Das Kämpfen geht weiter

Nach dem Lesen des Kriegstagebuchs meines Opas und meinen Erfahrungen über Hiroshima drängt sich mir die Frage auf:

> „Wenn die Menschheit doch bereits zwei fatale Weltkriege erlebt hat, wieso toben heute weiterhin Kriege auf der Welt? "

„Nach dem zweiten Weltkrieg", so erzählte mir damals Opa Franz, „waren alle unendlich glücklich, dass der Wahnsinn vorbei war. Alle Bürger mühten sich redlich um einen friedlichen Umgang untereinander und vor allem die sogenannten *Trümmerfrauen* setzten alles daran, in den zerbombten Städten die Trümmer zu verwerten und den Neuaufbau voranzutreiben. Viele ihrer Männer waren ja gefallen oder aufgrund von schweren Verletzungen arbeitsunfähig." Opa war körperlich noch nahezu unversehrt. Er ging zusammen mit anderen Männern zum Steinbruch in der Nähe unseres Dorfes und brach dort Steine aus den Sandsteinfelsen, zum Wiederaufbau der Häuser. Bereits während seiner amerikanischen Kriegsgefangenschaft in Versailles musste er in einem Arbeitskommando als Wiedergutmachung die französischen Autobahnen und Straßen reparieren. Bei seinem Weihnachtsbesuch 1947 reiste er zum letzten Mal mit dem Zug von Versailles nach Frankfurt und kam von der amerikanischen Besatzungszone in die Heimat, die französische Besatzungszone war. Fortan war er dann bei seiner Familie. Am 3. April 1948 wurde dann der *Marshallplan* vom US-Kongress verabschiedet, ein Konjunkturpaket, welches nicht nur der US-Wirtschaft selbst, sondern auch der immer noch notleidenden und hungernden Bevölkerung Europas zugute kam und Deutschland den wirtschaftlichen Aufschwung bis in die 90er Jahre bescherte.

Der Marshallplan war nicht uneigennützig, denn die USA befürchteten, dass die Ideologie des Kommunismus sich von der Sowjetunion, die seit der Oktoberrevolution im Jahr 1917 bestand, über Europa ausbreiten könne. Außerdem hatten die USA durch den Krieg eine große Überproduktion von Waren, die man verkaufen musste. Der Preis für diesen Aufschwung war, dass die USA weiterhin als Hegemonialmacht die Geschicke in Westdeutschland mitbestimmten und viele Divisionen des US-Militärs auf Militärbasen im Land verblieben. Diese sollten, nach der Teilung Deutschlands, Westdeutschland vor Angriffen aus der Sowjetunion schützen und erneute faschistische Fehlentwicklungen innerhalb des Landes ausschließen.

Vor siebzig Jahren, am 08. Mai 1949, wurde dann endlich das Grundgesetz der Bundesrepublik Deutschland verabschiedet, welches am 23. Mai 1949 in Kraft trat. Es enthielt in Artikel 3, Abschnitt 2 den von Elisabeth Selbert erkämpften, revolutionären Satz:

> Männer und Frauen sind gleichberechtigt. Der Staat fördert die tatsächliche Durchsetzung der Gleichberechtigung von Frauen und Männern und wirkt auf die Beseitigung bestehender Nachteile hin.

Es war ein erster Schritt zum Aufbau einer neuen demokratisch strukturierten Gesellschaft, ohne Diskriminierungen, korrupte Machenschaften alter Machteliten, staatliche Überwachung, Unterdrückung und Willkürherrschaft. Es schien, als wären alle alten Probleme beseitigt. Zumindest Opa Franz wirkte sichtlich zufrieden, als er mir von diesen Errungenschaften erzählte.

Dennoch blieb es natürlich nicht weiterhin so friedlich und schon bald wüteten erneut Kriege auf dem Globus. Den oscar-prämierten Film *Platoon* von Oliver Stone[4] aus dem Jahr 1986 sollte jeder einmal gesehen haben, weil dieser Film die Stimmung des Krieges so unglaublich realistisch einfängt und schonungs-los seine psychologische Wirkung darstellt. Er beschreibt, wie der junge Chris Taylor, der das College geschmissen hat, sich im Jahre 1967 freiwillig für den Dienst im Vietnamkrieg meldet und dort den blanken Horror erlebt. Die Erlebnisse sind ähnlich wie diejenigen meines Opas in den letzten Tagen des Krieges am Anfang dieses Buches und viel schlimmer als meine Erlebnisse aus den NATO-Manövern in meiner Bundeswehrzeit[5], die mich bereits an meine Grenzen brachten:

US-Soldaten irren in Unterzahl durch den Dschungel, phy-sisch und psychisch am Limit, in der Hoffnung, erfolgreich die verfeindeten Kräfte, die den Kommunismus unterstützen, zu be-kämpfen. Ein Offizier erschießt seinen Untergebenen, Sprengfal-len explodieren und Napalm-Brandbomben setzen den Urwald in Brand. Schwerverletzt verlassen diesen die Soldaten in regel-mäßigen Rettungsaktionen mit Kampfhubschraubern, um dann im überfüllten Hospital unter Schmerzen dahinzuvegetieren.

Schon der Vietnam-Krieg nach dem Mord an JFK machte klar, dass es ein neues Problem gab: Das neue Imperium USA musste seine Machtposition behaupten und erweitern. Ähnlich wie einst schon im alten Rom unter Caesar oder im preußischen Staat bestimmte nun zunehmend auch das Militär die Politik. Es brauchte neue Aufgaben und bekam auch welche.

---

[4]Vom ihm ist auch der Film JFK absolut sehenswert!
[5]siehe Band I Seite 8 [6]

1.4 Der Kalte Krieg

Wir Deutschen vergessen wohl sehr schnell und schon nach wenigen Jahren wissen wir selbst unsere großen Errungenschaften kaum noch zu schätzen. Im Frühling und Sommer 2017 demonstrierten wir auch in unserer Stadt für den Erhalt eines demokratischen Europas und gegen den neuerdings wieder erstarkenden Einfluss rechter Parteien. Es war schon etwas seltsam für mich, weil ich als Naturwissenschaftler immer versucht habe, mich aus allen politischen Diskussionen herauszuhalten, aber die Diskussion mit der Atombombe geht mir nun doch ständig durch den Kopf. So ziehen wir also mit unseren Trommeln und Transparenten durch die Stadt, vorbei an Leuten, die aussehen, als wollten sie uns gleich an den Kragen. Doch keiner traut sich, eine so große Gruppe anzupöbeln. Am Ende halten wir vor dem Wahrzeichen der Stadt und singen lautstark die Europahymne, die ich auf der Trompete begleite. Auf dem Heimweg ist mein Gefühl ganz anders. Mit der Trompete um den Hals laufe ich durch enge Straßen, in denen fast nur ausländische Namen an den Klingeln stehen. Da bekommt Multikulti eine andere Bedeutung und mich befällt das Gefühl von Angst und Befremdung. Ich denke bei mir, dass es nichts bringt, die Ängste von Menschen einfach zu ignorieren und immer nur zu predigen, dass schon alles gut gehen wird. Das führt unweigerlich zu einer immer weiteren Spaltung der Gesellschaft, die zu einem Erstarken von extremen Parteien führt und im schlimmsten Fall in einem politischen Putsch oder einem Bürgerkrieg enden kann. Die Menschen müssen sich gegenseitig besser kennenlernen und der Zusammenhalt muss gestärkt werden, sodass auch die zukünftigen Generationen noch den Frieden in Europa erleben und zu schätzen wissen, der politisch so hart erkämpft wurde.

Als der Krieg zu Ende war, begann das Wettrüsten zwischen dem Osten, der Sowjetunion, und dem Westen, der NATO. Als Kinder machten wir uns natürlich keine Gedanken darum, warum die Amerikaner mit schwerem Kriegsgerät in unserer Stadt herumfuhren und warum es hier noch Kampfhubschrauber gab. Regelmäßig zogen Jagdbomber über uns hinweg und erschreckten uns beim Spielen mit ihrem lauten Überschallknall. Wir Jungs fanden das alles cool und spannend, bis ich schon im Kindergarten meine erste Kritikerin kennenlernte, deren Eltern der Umweltbewegung, den sog. *Grünen*, angehörten. Sie wurde meine Freundin und während wir am Bach spielten und versuchten, irgendwelche verletzte Tiere zu finden und zu retten, erzählte sie mir oft von den Umweltsünden und unnötigen Kriegsausgaben, die die herrschende Klasse zu verantworten habe. Zu jener Zeit lebte ich in meinem katholischen Dorf, wo man eigentlich nur etwas hinterfragte, wenn es einem wirklich zuwider war. Die Winzer und Bauern im Dorf standen im permanenten Konflikt mit den Grünen, die strengere Auflagen für den Weinbau und Ackerbau forderten. Die heutigen Ideen der rein biologischen Produktion, die vor allem den Verzicht auf Kunstdünger, Pflanzenschutzmittel und Unkrautvernichtungsmittel beinhalten, wurden erst in den 70er Jahren nach dem Bericht des Club of Rome [7] geboren. Es dauerte lange, bis sich das Umweltbewusstsein und ein Gefühl für *Nachhaltigkeit* etablierten.

In den Jahren von 1946 bis 1958 hatten die USA auf den Marshall-Inseln mehr als 23 große Kernwaffen gezündet. Als einer der ersten Tests im Rahmen der Operation CROSSROADS wurde auf dem Bikini-Atoll unter dem Codenamen *BAKER* eine ganze Flotte von ausrangierten Kriegsschiffen, beladen mit Tieren verschiedener Art, der gewaltigen Explosion einer Atombombe mit einer Sprengkraft von 23 Kilotonnen TNT ausgesetzt. Im Jahre 1954 begannen mit der Operation CASTLE erneut Atomtests. Unter dem Codenamen BRAVO detonierte die größte Kernwaffe, die die Welt bis dahin gesehen hatte, eine Wasserstoff-Fusionsbombe, gezündet durch eine kleinere Atombombe, ganze 27 Meter unter Wasser. Sie entwickelte eine infernale Sprengkraft äquivalent zu 15 Millionen Tonnen TNT, die selbst die anwesenden Militärs nicht für möglich gehalten und die Soldaten auf den Beobachtungskreuzern beinahe umgebracht hätten. Wenn ich als Physiker heute diese Bilder im Internet [8] sehe, kann ich mir nicht erklären, wie Menschen einen derartigen Wahnsinn verantworten konnten. In unzähligen Dokumentationen kommt dort ans Licht, was die US-Militärs damals alles verbrochen haben, von der Verseuchung eines friedlichen bewohnten Südseeparadieses über das Töten unzähliger Tiere bis hin zur fahrlässigen Gefährdung der zur Säuberung der Inseln eingesetzten jungen Marine-Soldaten. Verfolgt man außerdem in den Orginalaufnahmen, wie das US-Militär die Bikini-Einwohner mit der fadenscheinigen Argumentation umsiedeln, dass diese eine Verpflichtung der Welt gegenüber hätten, ihre Insel zu verlassen, um es den US-Streitkräften zu ermöglichen, die zerstörerische Atomkraft in etwas Gutes zu verwandeln, und hört man, wie die Einwohner darauf antworten, dass sie bereit seien, weil alles in Gottes Händen läge, so wird deutlich, dass nicht allein die Muslime ihren Glauben missbraucht haben, um unverantwortliches und gottloses Handeln zu rechtfertigen. Doch der Wahnsinn ging noch weiter.

Auf sowjetischer Seite arbeitete ein Team um Andrei Sacharow ebenfalls an der Entwicklung der Wasserstoff-Fusionsbombe, so dass 1953 die erste Bombe gezündet werden konnte. Er war überzeugt, dass nur ein nukleares Gleichgewicht die Zerstörung unseres Planeten noch verhindern konnte. Doch schon 1955 setzte bei ihm ein Umdenken ein. Währenddessen waren die US-Militärs immer noch besessen von der Idee, die Sowjetunion zu bezwingen. Sacharow wollte, dass die Kernwaffentests möglichst schnell eingestellt werden, weil sie eine große Zahl an Menschenleben gefährdeten. Er hatte verstanden, wie das alles ein Ende haben könnte. Deshalb arbeitete er an der größten Wasserstoff-Fusionsbombe mit, die jemals auf der Welt gezündet wurde, an der RDS-220, Kosename *Zar-Bombe*. Der Vorsitzende der Kommunistischen Partei, Nikita Chruschtschow, wollte die Amerikaner mit einer transportablen 100 Megatonnen-Bombe zur Demut zwingen, damit klar wäre, dass die Sowjetunion in der Lage wäre, Washington DC komplett auszuradieren. Doch Sacharow gelang es, Chruschtschow zu überzeugen, die Sprengkraft auf unter 60 Megatonnen zu begrenzen.

Am 30. Oktober 1961 detonierte dieses Höllenfeuer in vier Kilometern Höhe über der Insel Nowaja Semlja in der Barentsee im nördlichen Polarkreis. Die Sprengkraft entsprach fast 3800 Hiroshima-Bomben! Die Druckwelle erreichte 5,0 auf der Richterskala und es entstand ein Atompilz mit 64 Kilometern Höhe. Bis auf die Verseuchung mit radioaktivem Fallout wurde aber kein Mensch in Gefahr gebracht. Die Amerikaner waren geschockt über die militärischen Fähigkeiten der Russen und testeten nur noch kleinere Atombomben. In den Jahren darauf stiegen auch China, Indien, Frankreich, Großbritannien, Pakistan und Nordkorea und Israel zu Atommächten auf.

In den 80ern herrschte deshalb die Angst vor einem nuklearen Krieg vor. Die beiden Supermächte hatten nun Atomwaffen mit einer Gesamtsprengkraft von 800.000 Hiroshima-Bomben und waren seit diesem Zeitpunkt in der Lage, mehrfach die Menschheit auszuradieren [8]. Die Angst vor diesem Höllenfeuer zwang zur Demut und schreckte jede Seite vor einem unüberlegten Angriff ab. Die Militärs verschwiegen der Bevölkerung die ungeheure Strahlenbelastung durch die zahlreichen Atomwaffentests, die die USA und die UdSSR damals durchgeführt hatten, um ihre Waffenarsenale weiterzuentwickeln. Das war uns als Teenagern alles nicht bekannt, sonst hätte ich wohl schön früher eine Depression entwickelt.

Als im Jahre 1986 der Atomreaktor im ukrainischen Tschernobyl außer Kontrolle geriet und ausbrannte, informierten die Medien zwar darüber, aber das Wissen der Bevölkerung über solche Umweltkatastrophen war unzureichend. Diese wichtigen Katastrophen dürfen aber nicht in Vergessenheit geraten, weshalb ich im Physikunterricht die historischen Hintergründe genau recherchieren lasse. Wütend macht mich als Physiker die aktuelle pauschale Verurteilung der Kernenergie in Deutschland. Die Atombomben, unzähligen oberirdischen Atomwaffentests sowie auch der fahrlässig herbeigeführte GAU in Tschernobyl sind ein Beleg dafür, mit wie wenig Ehrfurcht manche Menschen die Schöpfung behandeln. Die Kernenergie selbst ist in meinen Augen aber eine wichtige Übergangstechnologie, die es vor allem den noch unterentwickelten Staaten ermöglichen würde, große Energiemengen zur Verfügung zu stellen, ohne fossile Brennstoffe verwenden zu müssen. Allerdings sind Länder der Dritten Welt meist von Korruption und fehlendem Vertrauen geplagt, so dass ein geregelter und sicherer Betrieb eine große politische Herausforderung wäre. Allen Kritikern der Kernkraft sei gesagt: Ein Kohlekraftwerk emittiert mehr Radioaktivität in die Umwelt als ein im Regelfall betriebener Reaktor gleicher Leistung und dazu noch Millionen Tonnen Kohlenstoffdioxid. Deshalb sollten die Kohlekraftwerke vor den Atomkraftwerken abgeschaltet werden!

Dieser erste GAU hatte für uns Kinder zur Folge, dass wir ein paar Wochen nicht draußen im Sand spielen durften, keine Milch mehr trinken sollten und den Salat mehrmals wuschen, bevor wir ihn aßen. Das waren aus meiner heutigen Sicht als Physiker wohl eher Alibi-Maßnahmen. Die radioaktive Belastung war verglichen mit dem, was die Soldaten der USA und der UdSSR bei den Atomtests abbekommen hatten, ja auch lächerlich gering. Das radioaktive Iod 131 zerfiel zum Glück sehr schnell. Das ausgebrachte Cäsium 137 ist dank unserer äußerst empfindlichen Nachweismethoden bis heute noch in Wildschweinen und Pilzen nachweisbar, allerdings in unbedenklichen Dosen.

Schon im Oktober 1962, also weit vor meiner Geburt, war die Welt während der Kuba-Krise auf ein Haar einem *3. Weltkrieg* entgangen, der mit einer atomaren Auseinandersetzung zwischen den USA und den UdSSR begonnen hätte. Spätestens seit diesem Konflikt war der Welt klar, dass diese beiden Supermächte mit ihren so unterschiedlichen gesellschaftlichen und wirtschaftlichen Systemen, einer Demokratie mit einer freien Marktwirtschaft und der kommunistischen Diktatur mit ihrer Planwirtschaft, die beide ihre Vorteile und Probleme hatten, miteinander im erbitterten Widerstreit standen. Beide versuchten jeweils ihren Einfluss in der Welt auszudehnen und schrecken auch nicht davor zurück, mit Hilfe ihrer Geheimdienste Intrigen und Unruhen anzuzetteln, Umstürze herbeizuführen und Marionetten-Regierungen zu etablieren.

Am 26. September 1983, als ich 10 Jahre alt war, verhinderte allein ein vor einigen Jahren verstorbener russischer Soldat, nämlich Oberstleutnant Stanislaw J. Petrow, dass der 3. Weltkrieg ausbrach. In der Nacht zu jenem Tage hatten die Riesencomputer der UdSSR die empfangenen Satellitensignale ausgewertet und meldeten *Alarmstufe Rot* - einen *nuklearen Erstschlagnuklearer Erstschlag* der USA! Für diesen Fall sah das Protokoll einen sofortigen nuklearen Gegenschlag vor, der zu einem nuklearen Inferno geführt hätte. Petrow verwunderte jedoch, dass das System einen Angriff von nur fünf Interkontinentalraketen meldete und schloss, dass es sich um einen Fehlalarm handeln müsse. Er weigerte sich, den Gegenschlag auszuführen, was kurzerhand zu seiner Verhaftung führte. Später stellte sich aber heraus, dass Reflexionen von Sonnenstrahlen in den Wolken von den Computern als Raketen klassifiziert worden waren. Für Petrow war es die schwierigste Entscheidung seines Lebens, aber seine Intuition hatte ihn nicht getäuscht und die Menschheit gerettet. Seine Heldentat wurde erst Jahrzehnte später bekannt und von der Öffentlichkeit mit Ehrungen bedacht, da sie bis dahin der Geheimhaltung unterlag. Die ganze Geschichte findet man in der Doku „1983 - Die Welt am Abgrund!" oder in [9].

Natürlich bekam ich als Kind von diesem militärischen Zwischenfall noch weniger mit als von dem Reaktorunglück in Tschernobyl. Es war ja zum Glück auch nichts passiert. Aber das atomare Wettrüsten ging weiter. Gab es im Jahrzehnt vor meiner Geburt auf beiden Seiten jeweils rund tausend atomare Sprengköpfe für diese Raketen, so wuchs die Anzahl in den 70er- und 80er-Jahren bis auf fast zwanzigtausend an. Der Wahnsinn gipfelte in dem von Ronald Reagan angekündigten SDI-Projekt, bei dem die USA das Ziel verfolgten, mit weltraumgestützten Laserwaffen feindliche Raketen und Satelliten abschießen zu können. Dieses Ziel war sowohl technisch als auch wirtschaftlich nicht realisierbar. Als man erkannte, dass man mit den vorhandenen atomaren Sprengköpfen die Erde mehrmals zerstören könne, stellte sich für die Mächtigen allmählich die Frage, wie man aus diesem Wahnsinn einen Ausweg finden könne.

Im Jahre 1968 wurde der Atomwaffensperrvertrag unterzeichnet, dem nach und nach mehr Staaten beitraten, allerdings scherten sich auch einige neue inoffizielle Atommächte, wie beispielsweise Israel, gar nicht um die Bestimmungen dieses Vertrags. Im Dezember 1987 unterzeichneten Michail Gorbatschow und Ronald Reagan feierlich den INF-Vertrag, der den Einsatz von atomaren Mittelstrecken regelte und begrenzte und eine Phase der Entspannung für Europa einläutete. Den Grund hierfür fand ich kürzlich in der Islamischen Zeitung in ihrer 291. Ausgabe direkt auf der Titelseite [10]:

> Der Konflikt zwischen den USA und der UdSSR war an einen toten Punkt gekommen. Die Demonstrationen in Ostberlin hätten nur unter Einsatz der Roten Armee beendet werden können, was vermutlich doch noch einen Atomkrieg zwischen den Supermächten ausgelöst hätte, oder indem sich die Rote Armee zurückzog und damit die Staatsführung der DDR entblößte, wofür sich Gorbatschow dann entschied.
> Leider ging im Jahre 1990 jedoch nur der Kalte Krieg zu Ende, jedoch nicht der Ost-West-Konflikt. [...] Dieser konnte jedoch nicht mehr entlang des Eisernen Vorhangs fortgesetzt werden, ohne in einen dritten Weltkrieg zu münden, der diese Menschenwelt wahrscheinlich ausgelöscht hätte. Also wurde er in den Nahen Osten verlagert und dort asymmetrisch fortgesetzt. [...] Da Amerika aber schlecht der Welt öffentlich sagen konnte, dass der Konflikt mit der UdSSR in die nächste Runde ging, erfand man als Vorwand den Islam als Bedrohung.

Seither jagen sich das verbleibende Imperium USA und Russland nun gegenseitig im Nahen Osten und suchen sich ihre Verbündeten in der arabischen Welt, sei es in Afghanistan, Irak oder in Syrien. Die Staaten selbst und ihre muslimischen Verbündeten waren und sind derzeit leider untereinander sehr zerstritten und wirtschaftlich nicht stark genug, um ein Gegengewicht zu bilden, aber ihr Tag wird kommen, so Gott will.

Der *Islamische Staat* allerdings, auch wenn das immer durch seine Propaganda erklärt wurde, verdient aus meiner Sicht nicht diesen Namen, denn es war eine brutale Diktatur von versprengten und wütenden Kämpfern aus Milizen-Armeen, welche in den Jahren zuvor durch die Fehler der Amerikaner im Afghanistan- und Irak-Krieg aufgescheucht worden waren. Seine Herrschaft basierte nicht auf den fünf islamischen Grundprinzipien, so wie ich sie kennengelernt habe.[6] Dennoch hofft die islamische Welt auf eine Einigung zwischen Schiiten und Sunniten und ein gemeinsames friedliches Vorgehen gegen die Hegemonialmächte, vor allem gegen den ungebremsten Kapitalismus und sein Zinssystem, der sich wie ein Krebsgeschwür nunmehr auch in der islamischen Welt breit macht, wo fairer Handel immer eine ganz besondere Bedeutung hatte.

Das Misstrauen zwischen den neuen Supermächten wächst derzeit wieder und die Spannungen steigen bis hin zu offenen Drohungen. Der INF-Vertrag wurde unter Präsident Trump Ende 2018 gekündigt, so dass der Wahnsinn des Wettrüstens erneut losgehen kann. Beide Supermächte beschuldigen sich gegenseitig der Verletzung dieses Vertrags. In Kapitel 4 werde ich darlegen, dass auch die NATO daran nicht unschuldig war.

---

[6]siehe hierzu Band I [6] Seite 102-103

Aus der Sicht meiner Generation ist nicht nur der Einsatz der Atomwaffen an sich, sondern auch die ungeheure Vernichtung von Steuergeldern völlig inakzeptabel. Hinzu kommt die Tatsache, dass allein schon die Vorbereitung von kriegerischen Aktivitäten eine enorme Ressourcenverschwendung und Umweltbelastung ist. Wie werden kommende Generationen wohl über unser Zeitalter urteilen? Werden sie uns als verantwortungslose Primitivlinge bezeichnen? Wie kann man dieses Paradigma *Frieden durch gegenseitige Abschreckung* nur durchbrechen? Ist das wirklich das, was wir unter Frieden verstehen - dass keiner den Knopf zur Vernichtung drückt, oder sehnen wir uns nicht nach mehr?

Wir sollten alle die Friedensbewegung darin unterstützen, den Wahnsinn des Krieges anzuprangern und das Gewaltverbot der UNO durchzusetzen, welches in Kapitel 1, Artikel 2 Absatz 4 niedergeschrieben ist aber immer wieder verletzt wird:

> „Alle Mitglieder unterlassen in ihren
> internationalen Beziehungen jede gegen die
> territoriale Unversehrtheit oder die politische
> Unabhängigkeit eines Staates gerichtete oder sonst
> mit den Zielen der Vereinten Nationen unvereinbare
> Androhung oder Anwendung von Gewalt.“

[7]

---

[7]Von ihrer Haltung zur Corono-Pandemie distanziere ich mich allerdings!

1.5 Religiöse Kriege

Immer wieder äußern atheistische Schüler und Kollegen, dass es ohne die Religionen auf der Welt nahezu keine Kriege gäbe. Erst die Religionen würden die Menschen so richtig gegeneinander aufhetzen, dass sie bereit seien, sich gegenseitig abzuschlachten. Ich argumentiere dann, dass dieses Phänomen nicht auf Religionen begrenzt ist, sondern auf jede Art von geschlossenen Weltbildern. Es tritt immer dann auf, wenn man flammender Anhänger eines *Ismus*, wie beispielsweise des Kommunismus, Nationalsozialismus, Islamismus, Kapitalismus oder neuerdings auch des *Öko-Faschismus* ist. Das Problem dabei ist die Geschlossenheit des Weltbilds mit seinen unverrückbaren Dogmen und der Schwarz-Weiß-Malerei, die damit einhergeht. Dies ist der Nährboden der *Kette der Gewalt*:

> „Wir machen es richtig und ihr macht es falsch! Wie könnt ihr nur so leben? Das macht mich sehr wütend. Ihr seid minderwertig! Ändert euch, oder wir müssen euch zwingen, notfalls euch eliminieren!"

Dieses Schema ist immer wieder in der Geschichte zu beobachten von den Kreuzzügen des Christentums bis hin zu den Feldzügen des Islamischen Staates. Sie entspringt, wie ich später zeigen werde, einem bestimmten Bewusstseinszustand. Im Islam ist der Verteidigungskrieg erlaubt, nicht aber der Expansionskrieg. Aus den Anweisungen Jesu sind kriegerische Handlungen wohl kaum zu rechtfertigen, denn der Meister gab in der angespannten Situation im Garten Gethsemane Mt 26,52 eine ganz eindeutige Anweisung an seinen Jünger:

> „Steck dein Schwert in die Scheide; denn alle, die zum Schwert greifen, werden durch das Schwert umkommen."

Trotz der eindeutig pazifistischen Haltung Jesu finden sich sehr viele brutale Anweisungen in der Bibel, vor allem im Alten Testament. Das Thema Gewalt in der Bibel wurde im Katholizismus seit dem 2. Vatikanischen Konzil und im Protestantimus sogar schon früher untersucht. Zuvor war es tabu, die Bibel derart zu kritisieren. Eine gute Übersicht der kritischen Stellen gibt ein Wikipedia-Artikel zu diesem Thema, aber wenn man nach *grausamen Bibelzitaten* im Internet sucht, findet man diese in großer Zahl. Das Gleiche gilt auch für den Quran, der viele historische Bezüge hat und sogar zu kriegerischen Handlungen aufruft, von denen sich der Islam heute deutlich distanzieren sollte.[8] Die Gedankenkette der Gewalt mit dem Absoluten zu verknüpfen hat zu großen Kriegen geführt.

Deshalb dürfen wir die Ausübung von Gewalt niemals religiös begründen!

Dies fügt der Religion einen großen Schaden zu, ja macht sie gänzlich unglaubwürdig. Doch man muss nicht immer nur den Islam bemühen, um diesbezügliche Negativbeispiele zu finden. Der mit der goldenen Palme ausgezeichnete Film *Das weiße Band* [11] stellt in erschreckender Weise die gewalttätige Erziehung in einer typischen protestantischen Bauernfamilie im 19. Jh. dar. Der Betrachter ist geschockt am Ende und stellt sich die konkrete Frage:

> Was macht gerade religiöse Menschen so wütend, dass sie bereit wären, andere zu quälen und sogar umzubringen?

Meine These ist: *Es passiert durch Handlungen oder Äußerungen, die das* Paradigma, *also das Weltbild und Glaubenssystem des anderen in seinen Grundfesten erschüttern.*

---

[8]Dies habe ich Band I in Kapitel 3 und im Anhang schon diskutiert.

Kinder tun das oft, weil sie noch gar kein Paradigma haben. Aber auch Erwachsene, die ein anderes Paradigma haben, können durch ihre Handlungen und Äußerungen den Zorn anderer Menschen derart auf sich ziehen. Es gibt viele Beispiele hierfür in der Geschichte:

Der Mönch Giordano Bruno war Pantheist und Panpsychist, d.h. er nahm das Göttliche in der ganzen Schöpfung wahr und sah die ganze Schöpfung als beseelt an und jedes einzelne Teilchen mit Bewusstsein ausgestattet. Er lehrte, dass das Universum unendlich sei und bestätigte das 1543 veröffentlichte *heliozentrische Weltbild* des Kopernikus. Für Muslime interessant ist noch, dass er betonte, dass Jesus nicht der Sohn Gottes sei und dass er auch andere Planeten besucht habe. Nachdem er aus Italien geflohen war und in Deutschland auch in Marburg, Wittenberg und in Frankfurt gelehrt hatte, kehrte er schließlich nach Padua in Italien zurück. Dort wurde er dann aber als Ketzer verurteilt und 1600 auf einem Scheiterhaufen in Rom verbrannt. Sein Lehrstuhl in Padua ging danach an Galilei Galileo, der schließlich seinen berühmten Spruch „Und sie dreht sich doch!" mithilfe der Beobachtungsdaten seines neuerworbenen Fernrohres beweisen konnte. Aber auch er ist nur knapp dem Vernichtungswahn der Inquisitoren entgangen, die die Grundfesten des Glaubens attackiert sahen. Im Jahre 1572 hatte der Däne Tycho Brahe bereits eine Supernova im Sternbild Kassiopeia beobachtet und konnte zeigen, dass dieses Ereignis in einem größeren Abstand zur Erde stattfand als dem, den die anderen bekannten Sterne hatten. Somit wankte die allgemeine Vorstellung, dass alle Sterne auf der Himmelssphäre positioniert waren. Der Deutsche Johannes Kepler und Galileo Galilei lieferten dann schließlich aufgrund der vorliegenden Beobachtungen die Theorie, dass sich die Himmelskörper auf Ellipsenbahnen frei um die Sonne durch den leeren Raum bewegten und nicht die Erde das Zentrum des Universums sei. Diese Umänderung der Denkart, die man einen *Paradigmenwechsel* nennt, löste bei vielen Menschen damals sicherlich große Ängste aus. Sie stellten sich die Frage: „Welchen Sinn sollte das menschliche Dasein haben, wenn wir nicht das Zentrum der Schöpfung sind, sondern irgendwo im leeren Weltall herumschweben?" Dementsprechend hart agierte die Kirche gegen die *Kopernikanische Wende* und verteidigte die alten Dogmen, um Chaos und Ängste, aber vor allem auch ihren Einfluss zu verlieren.

Ähnliche Angstzustände könnte man heute bei streng religiösen Christen erzeugen, wenn man behauptet, dass Jesus gar nicht gekreuzigt wurde. Der Quran sagt nämlich in Sure 4 Vers 157:

> [...] sie sagten: „Gewiss, wir haben Jesus, den Sohn Marias, den Gesandten Allahs getötet." – Aber sie haben ihn weder getötet noch gekreuzigt, sondern es erschien ihnen so.

Der letzte Satz wird von den meisten muslimischen Gelehrten so ausgelegt, dass ein anderer gekreuzigt wurde, der Jesus ähnlich sah, wie etwa Simon von Sirene, der auch in den ersten christlichen Überlieferungen erwähnt wird.

Auch wenn man die Aussage des Quran ablehnt, so bleibt die kürzlich veröffentlichte These des Frankfurter Historikers Johannes Fried, mit der er die Christen in seinem Buch *Kein Tod auf Golgatha* [12]. Er behauptet, dass Jesus durch seine Verletzungen während der Geißelung nur einen Scheintod erlebt habe und nach seiner Genesung im kühlen Grab nach Indien zu den verlorenen Schafen Israels gehen können. Heutige medizinische Kenntnisse sollen ergeben haben, dass Jesu Lunge teilweise voll Wasser lief, wodurch er eine Art CO_2-Hypnose erlitt. Ausgerechnet der Lanzenstich soll dazu beigetragen haben, dass das Wundwasser abfloss und er langsam wieder zu sich kommen konnte. Für mich als Muslim stellt diese Theorie überhaupt kein Problem dar, zumal es in Kaschmir in Indien tatsächlich ein Haus gibt, von dem die Leute behaupten, dass Jesus darin gewohnt habe. Vielleicht wird es eines meiner nächsten Reiseziele, damit ich die Energie an diesem Ort spüren und sie vergleichen kann, mit der Energie, die ich als Kind immer gefühlt habe, wenn Jesus in mir präsent war.

Viele strenggläubige Muslime kann man schon mit Mohamed-Karikaturen oder Kritik am Quran so wütend machen, dass sie bereit wären, gewalttätig zu werden. Dies hat sich 2011 gezeigt, als auf das französische Satire-Magazin Charlie Hebdo ein Brandanschlag verübt wurde, eben weil es Karikaturen veröffentlicht hatte, welche viele Muslime zutiefst verletzten. Obwohl im Arabischen das Wort *Dschihad* so etwas wie Anstrengung bedeutet, sehen gerade strenggläubige Muslime darin einen Auftrag, alles, was sie als Gotteslästerung ansehen, aus der Welt zu schaffen, und notfalls dabei über Leichen zu gehen. In ihren Augen greift man die Basis ihrer Existenz und Würde an.

Ich persönlich finde, dass es auch bei solchen Gotteslästerungen keine Rechtfertigung für die religiös motivierte Selbstjustiz gibt, weil keine Lästerung das Göttliche, so wie ich es erfahren und im letzten Band dargestellt habe, in irgendeiner Weise verletzen oder schmälern kann.

Es ist auch in deren Weltbild widersprüchlich, denn dem Göttlichen allein obliegt es zu richten und den Todesengel[9] zu entsenden, der für diese Aufgaben zuständig ist.

Eine andere Quelle für Aggression ist angestauter Frust und Ignoranz. Wenn man selbst von sich und vom Leben gelangweilt ist, wächst der Frust von Tag zu Tag und es steigt das Risiko, dass sich die Energie staut und sich plötzlich einen Weg bricht. Hier hilft es nur, einen Weg einzuschlagen, bei dem man nicht stehen bleibt, sondern man sich aktiv öffnet, um zu suchen, sich vom Leben verzaubern zu lassen und Weisheit zu erlangen. Diese Ursache lässt sich einfacher beheben als das Feststecken in einem überkommenen Paradigma. Im Kapitel 3 werde ich darauf noch näher eingehen.

Welch starke Gefühle es in den Menschen entfesselt, wenn man ihr Paradigma zerstört, kann man also auch in unserer angeblich so aufgeklärten und säkularisierten Welt noch beobachten. Nicht zuletzt erkennt man dies auch an dem aktuellen Rechtsruck in vielen Nationen, mit dem Menschen sich erhoffen, ihr lange gekanntes Paradigma zu erhalten und jegliche Veränderung zu verhindern. Aber der Weise erkennt, dass dies nicht in unserer Hand liegt und man die Entwicklung nicht anhalten kann. Die Argentinier drücken es so aus:

Vivir es cambiar! - Leben bedeutet Veränderung!

---

[9]Im Quran in Sure 32:11 erwähnt und meist mit dem Erzengel Azrael identifiziert.

1.6 Die Kriege der Gegenwart

Bei meinen vielen Aufenthalten in Brasilien und dem langen Aufenthalt in Argentinien, die ich in Band I ausführlicher geschildert habe, stieß ich immer wieder auf Erinnerungen aus den Militärdiktaturen in diesen Ländern. Im Regierungsviertel in Buenos Aires erinnern die *Madres de la Plaza de Mayo* an die ca. 30.000 in den Jahren 1976-1983 Verschwundenen, die *Desaparecidos*, die ihre Männer und Söhne waren. Jede der Frauen hat ihre eigene traurige Geschichte zu erzählen, die nicht in Vergessenheit geraten soll, auch wenn sie schon lange nicht mehr daran glaubt, dass sie jemals erfahren wird, was damals passiert ist. Mich hat das sehr betroffen gemacht, diese Frauen mit dem weißen Kopftuch und den Bildern ihrer Lieben im stummen Protest um den Platz kreisen zu sehen.

Auch in Brasilien gab es in den 60ern instabile Zeiten, als sich die Nachfolger von J. Kubitschek, nämlich die Präsidenten da Silva Quadros und Goulart darin versuchten, die Wirtschaft zu stabilisieren und sich aus der Abhängigkeit von den USA zu befreien. Wie es die freigegebenen Dokumente aus dem National Security Archive der USA belegen, half im Jahre 1964 die CIA im Auftrag von Präsident L. Johnson den brasilianischen Präsidenten aus dem Amt zu putschen und eine Militärregierung zu installieren [13]. Kein Wunder, dass ich bei allen Aufenthalten gespürt habe, dass auch die Südamerikaner nicht gut auf die USA zu sprechen sind. Die Militärdiktatur dauerte in Brasilien bis ins Jahr 1985. Aber immerhin wurden die Greueltaten unter den Präsidenten Lula da Silva und seiner Nachfolgerin Dilma Rousseff aufgearbeitet, so dass im Abschlussbericht aus dem Jahre 2014 Täter und Opfer benannt werden konnten.

Auch in Europa gab es noch Ende des Jahrtausends eine Serie von Kriegen auf dem Balkan, die den Zerfall des damaligen Jugoslawien zu Folge hatten. Es handelte sich um den 10-Tage-Krieg in Slowenien (1991), den Kroatienkrieg (1991–1995), den Bosnienkrieg (1992–1995), den kroatisch-bosniakischen Krieg (1992–1994) im Rahmen des Bosnienkriegs, den Kosovokrieg (1999) und den albanischen Aufstand in Mazedonien (2001). Auch im Verlauf dieser Kriege wurden Massaker verübt sowie Menschen gequält und verschleppt. Hier folgte eine Aufarbeitung, in der hauptsächlich serbische Generäle wie etwa Milosević vom UN-Kriegsverbrechertribunal wegen Völkermords angeklagt wurden. Im Juli 1995 wurde an 8000 muslimischen Bosniaken das sog. *Massaker von Srebrenica* unter dem Kommando von Ratko Mladić und anderen Kommandeuren trotz Anwesenheit von Blauhelmsoldaten verübt. Es sind nicht die einzigen Massenverfolgungen von Muslimen in der jüngsten Geschichte. Zu nennen wäre noch der Genozid an den *Rohingya* in Myanmar 2017, bei dem 24.000 Muslime getötet und tausende von Frauen vergewaltigt wurden. Außerdem traf es die *Uiguren* in China, von denen zwischen 120.000 und 3 Mio. in Umerziehungslagern inhaftiert sind, weil sie mit der rigiden Politik der chinesischen Regierung nicht einverstanden waren. Doch noch heute schockt mich die Tatsache, dass es zu dieser Zeit schon moderne Medien und Friedenstruppen gab und dies alles trotzdem in Europa möglich war.

Wenn man heute im Urlaub auf dem Balkan unterwegs ist, kann man sich kaum mehr vorstellen, dass dort noch vor zwanzig Jahren ein Krieg tobte. Und leider kam ich mit den Menschen dort nicht tief genug ins Gespräch, so dass sie ihre authentischen Erinnerungen hätten teilen können. So bleiben nur die Bilder der Tagesschau vor zwanzig Jahren, die an diesen Krieg erinnern.

Im Dezember 2010, als wir gerade unsere Rückübersiedlung nach Deutschland vorbereiteten[10], startete eine Serie von Protesten in der arabischen Welt , die vielen Muslimen die Hoffnung bescherten, dass die politischen Systeme in ihren Ländern verbessert würden. Wir sahen in Argentinien meist die Nachrichten der Deutschen Welle, welche die Proteste in Ägypten gegen Hosni Mubarak ausführlich zeigten. Uns war klar, dass diese sich auf viele arabische Länder ausdehnen würden. So gab es schon ein paar Monate später auch in Syrien Proteste gegen den Präsidenten Bashar el Asad, die nach und nach in den nun schon seit achtzehn Jahren andauernden Krieg mündeten, in dem der Islamische Staat groß werden konnte und später durch das Eingreifen der Supermächte zerschmettert wurde. Den Schätzungen der Vereinten Nationen zu Folge wurden in diesem Krieg über 400.000 Menschen getötet und Millionen von Menschen sind geflohen. Sie gingen in die Türkei, den Libanon, aber auch bis zu uns nach Deutschland, so das auch wir zwei Familien betreut haben, bis sie einigermaßen auf eigenen Beinen standen. Dieser Konflikt ist mit dem Abzug der US-Truppen und dem Einmarsch der Türkei weiterhin offen. Der islamische Staat scheint zwar besiegt, aber die Kurden fordern nach wie vor ein hohes Maß an Autonomie, wenn nicht sogar einen eigenen Staat, und fühlen sich nun vom Rest der Welt verraten. An Frieden ist hier noch lange nicht zu denken.

Der letzte noch heiße Konflikt ist der Krieg in der Ukraine, der schon seit dem Jahre 2014 wütet. Grob gesagt kämpfen dort prorussische Kräfte für die Abspaltung der zwei durch sie proklamierten Volksrepubliken Donezk und Luhansk von der Ukraine. In der Öffentlichkeit versucht man die russische Unterstützung

---

[10]siehe Band I Kapitel 5.8

zur Annexion der beiden Republiken geheim zu halten, genauso wie die Unterstützungen zur Annäherung der Ukraine an den Westen, aufgrund Präsident Viktor Janukowitsch, der nach heftigen Protesten auf dem Maidan, die angeblich auch von CIA-Agenten unterstützt worden waren, das Land verlassen musste. Im März 2014 annektierte Russland zudem die Halbinsel Krim, die von herausragender militärischer und strategischer Bedeutung ist und nach Meinung der Russen sowieso die meiste Zeit zu Russland und erst seit 1991 zur Ukraine gehört hatte. Auch dieser Konflikt ist noch nicht ausgestanden und bereitet der aktuellen Politik noch viele Sorgen. Russland ist verärgert und zeigt immer weniger Gesprächsbereitschaft bei Kritik aus dem Ausland und sieht bereits das Assoziierungsabkommen der EU mit der Ukraine als Bruch der Vereinbarung, dass die Ukraine neutrales Territorium sei. Auf die verschiedenen Sichtweisen auf diesen Konflikt werde ich in Kapitel 4.6 noch einmal genauer eingehen.[11]

Droht uns wieder ein neuer flächendeckender Krieg in Europa oder verhindert das große Waffenarsenal aller beteiligter Staaten, dass es zu einem heißen Krieg kommt? Setzt man vielleicht auf einen *Wirtschaftskrieg*, der dem Westen einen Vorteil brächte, oder einen *Cyberkrieg*, wie ihn die Industriestaaten wahrscheinlich schon begonnen haben? Was werden wir und unsere Kinder noch in den nächsten Jahre erleben? Werden die in Deutschland stationierten nuklearen Sprengköpfe der USA irgendwann einmal Geschichte sein? Was wird mit den 1,6 Millionen Tonnen Kriegsmunition und Giftgasfässern passieren, die

---

[11]Wer dazu noch deutlichere Positionen lesen will, dem empfehle ich die beiden neuen Bücher Ïmperium USAünd Ïllegale Kriege"vom Schweizer Historiker Friedensforscher Dr. Daniele Ganser, die man neben seinen Vortragsvideos auf seiner Webseite *danieleganser.ch* findet.

von den Alliierten in der Nord- und Ostsee nach dem Krieg in Windeseile entsorgt wurden? Werden wir weiter akzeptieren müssen, dass Supermächte in aller Welt mitmischen und Stellvertreterkriege führen? Wird die bisher längste Friedensepoche in Europa bald ein Ende haben und sich die Spirale der Gewalt nach dem altbekannten Schema *Spalten-Abwerten-Töten* erneut drehen? Oder werden wir irgendwann alle diese Altlasten des Zeitalters des Krieges los sein und erleben, wie die Menschheit langsam aus ihrem Tiefschlaf erwacht?

Wir sollten alle dazu beitragen, dass Letzteres geschieht, denn alles andere wäre verheerend für die Menschheit, aber auch für das ganze Ökosystem Erde, das wir vor uns selbst retten müssen! Um es in den Worten der Hippies der 70er-Jahre auszudrücken:

Make Love, not War!

oder, wie wir es damals in Deutschland herausriefen:

Besser Petting als Pershing!

2 Der Krieg in uns selbst

2.1 Alles beginnt so friedlich

„Wie findet man inneren Frieden?" Das fragen sich viele Erwachsene - besorgte Eltern, gestresste Manager, übermüdete Ärzte oder Krankenschwestern wie auch genervte Lehrer. Im Grunde genommen ist die Antwort auf diese Frage sehr einfach und intuitiv kennen wir sie alle:

> *Verweile mit deiner ganzen Achtsamkeit im*
> *gegenwärtigen Augenblick!*

Wenn wir ein Neugeborenes auf dem Arm halten und uns ganz auf dieses kleine Wesen einlassen, vielleicht sogar ein Engelslächeln beobachten, haben wir diese Antwort bereits gefunden. Für diesen Moment sind wir in engem Kontakt mit dem Göttlichen, woraus dieses Lebewesen kürzlich hervorging. Der Gesandte Jesus sagt dazu in Matthäus 18,3: „Amen, ich sage euch: Wenn ihr nicht umkehrt und werdet wie die Kinder, werdet ihr nicht in das Himmelreich hineinkommen." Aber nicht nur unsere Kinder haben mich dies als Babys gelehrt, sondern auch unsere Katze Bertha, die wir letztes Jahr in unsere Familie aufgenommen haben. Wenn sie sich auf meinen Schoß oder auf meine Brust legt und anfängt zu schnurren, während ich sie im Nacken kraule, dann weicht jede innere Unruhe und ich finde zu mir selbst. Äußerst erstaunlich die Fähigkeiten dieses Lebewesens!

Sie ist offensichtlich viel mehr im Hier und Jetzt, als ich es im Alltag so bin. Aus diesem Grunde macht Bertha sich überhaupt keine Gedanken über Zeit. Oft schläft sie den ganzen Tag, während wir alle hektisch am Arbeiten und Herumrennen sind, wenn es dann Essenszeit ist, streckt sie sich kurz und läuft mir schnurrend durch die Beine, um mir zu sagen, dass sie mich mag. Sie mauzt und ist absolut zuversichtlich, dass ich ihr gleich wieder einen vollen Napf Futter hinstellen werde. Das erinnert mich an Jesus Worte in Matthäus Vers 25 und 26:

> Sorgt euch nicht um euer Leben [...]! Seht die Vögel unter dem Himmel an: sie säen nicht, sie ernten nicht, sie sammeln nicht in Scheunen; und euer himmlischer Vater ernährt sie doch. Seid ihr denn nicht viel mehr wert als sie?

Der Messias wollte damit sicher ausdrücken, dass man ganz auf da Göttliche, also auf die der Schöpfung innewohnende Intelligenz vertrauen soll und, wie auch die Yoga-Gurus und Zen-Meister es betonen. Man soll mit Wahrnehmung ganz im gegenwärtigen Moment verweilen, um alle Möglichkeiten voll auszuschöpfen, völlig unvoreingenommen, wie eine Katze oder ein Baby. Dies ist das Tor zu jenem Zustand, der in fast allen Traditionen mit dem Begriff *der leere Geist* beschrieben wird. Dieser leere Geist macht uns empfänglich für das Wunder der Schöpfung, die Stimme des Göttlichen. Er zaubert uns ein Lächeln ins Gesicht. Mein Yogalehrer Sri Sri Shankar, kurz Guruji [14], erinnert bei allen Seminaren daran, dass ein Baby viele hundert Male pro Tag lächelt, ein Kind immerhin noch viele Male pro Tag und ein Erwachsener meist ganz selten. Muss das so sein? Können wir uns nicht einen kindlichen Geist und die Fähigkeit zur spontanen Freude bewahren?

In den ersten Wochen nach der Geburt erfährt sich ein Baby noch nicht als eigenständiges Wesen. Es fühlt sich eins mit der Mutter, mit der es über Monate aufs Innigste verbunden war. Doch mit jeder sensorischen Information der Sinne und der emotionalen Bewertung durch das limbische System, kumulieren sich Erfahrungen und fokussiert sich das Bewusstsein des Kindes allmählich auf den eigenen Körper und das eigene Befinden. Die Seele vergisst ihre Allwissenheit und generiert das Ich-Bewusssein oder *Ego*, um den Körper als Werkzeug für diese Welt besser nutzen zu können.

Dabei kann es zu vielerlei Problemen kommen, was oft in Schreianfällen des Babys endet und die Eltern an den Rand der Verzweiflung bringen kann. Im Jahre 1934 veröffentlichte die Kinderärztin Frau Dr. Johanna Haarer einen Erziehungsratgeber, der den Müttern ernsthaft vorschlug, soweit nur möglich die Bedürfnisse ihrer Kinder gezielt zu ignorieren, um sie zu starken Persönlichkeiten zu erziehen. Dieses Buch war das Erziehungsbuch des NS-Regimes. Dieses Erziehungs-Paradigma hat bis noch in die 70er großen Schaden angerichtet, wie es in dem Spektrum-Artikel von 2019 dargelegt wird [15]. Ich erinnere mich selbst noch genau daran, wie es war, als unsere Kinder nachts schreiten oder nicht ins Bett wollten. Da wird man schon dünnhäutig, aber hier helfen nach meinen Erfahrungen nur Mitgefühl und Verständnis mit dem Kind und eine gute Organisation mit Absprachen, wer wann schlafen darf und wer das Kind betreut. Aus Sicht des Kindes ist der Prozess des Sich-an-die-Welt-Gewöhnens schließlich viel komplizierter. Ich erinnere an die Geschichte im Anhang von Teil I meines Buches [6], in der ich als Kind beschrieben habe, welche Bedenken ich vor dem Geborenwerden hatte. Einige Yogis, wie beispielsweise Yoganandaji [1], mit einem besonders hochentwickelten Bewusstsein, können sich sogar detailliert an ihre früheste Kindheit erinnern und berichten, dass Babys oft eine ausgeprägte Wahrnehmung haben, sich aber nicht mitteilen können, da die Seelen es gewohnt sind, telepathisch zu kommunizieren und die komplizierte Methode der Sprachmitteilung noch nicht beherrschen. Trotzdem bin aufgrund meiner eigenen Erfahrung und der anderer Indigo-Kinder, wie etwa Flavio aus Argentinien, dessen Buch [16] ich intensiv studiert habe, überzeugt, dass wir uns unsere Eltern und das Setting in welches wir geboren werden, genau ausgesucht haben, um uns weiter zu entwickeln. Und selbst wer nicht an diese These glaubt, sollte bei allen Schwierigkeiten im Leben an die Worte Gurujis denken:

> „Das Göttliche sendet uns keine Aufgabe, die nicht lösbar wäre. Manchmal allerdings gelingt dies nicht aus eigener Kraft!"

Auch in den Jugendjahren spielen sich Dramen ab:
Als ich ein kleiner Junge war und mein Bruder anfing zu laufen, war ich sehr eifersüchtig auf ihn. Alle Verwandten kümmerten sich mehr um ihn als um mich, deshalb mochte ich ihn nicht besonders und fing an mit ihm zu streiten und ihn auszuschließen, wenn ich mit anderen Kindern spielte. Meine Abneigung gegen meinen Bruder ging sogar so weit, dass ich ihn eines Tages hätte fast ertrinken lassen, was ich dann aber doch nicht übers Herz brachte. Wir spielten vor dem Haus unserer Großeltern zuerst im Vorgarten, dann am Bach, als mein Bruder mit einem Stock im Bach herumbohrte und plötzlich kopfüber hinein fiel. Erst nach einer Zeit klingelte ich bei Oma und rief im tiefsten Dialekt: „Oma komm! Mei Bruder iss in die Bach gefall!" - Nach der Rettungsaktion bekam ich für den verspäteten Hilferuf ordentlich den Hintern versohlt. Erst daraufhin wurde mir klar, dass ich in Zukunft besser auf meinen Bruder aufpassen sollte.

2.2 Die Vertreibung aus dem Paradies

Wir wuchsen damals auf dem Land auf und verbrachten die meiste Zeit draußen und spielten auf einem alten Sportplatz oder am Bach. Wir liebten die Natur, ohne dies zu thematisieren, halfen den Eltern gelegentlich im Weinberg und den Großeltern im Garten. So blieben wir immer geerdet, bekamen reichlich frische Luft ab und lernten nebenbei viel über Landwirtschaft. Seit der Mensch vor 15.000 Jahren sesshaft geworden war, ging es darum, die Natur zu verstehen und mit ihr zu arbeiten, um satt zu werden. Heute arbeiten weltweit nur noch ein paar Prozent der Menschen in der Landwirtschaft und die meisten haben dieses Wissen gänzlich verloren.

Als ich älter wurde und körperlich hätte immer mehr arbeiten können, war es immer weniger nötig. Meine Teenie-Zeit wurde nämlich begleitet von der Öffnung des EU-Binnenmarkts und damit einer Welle der Rationalisierung und Mechanisierung in der Landwirtschaft. Sehr eindringlich bewusst wurde mir dies, als ich immer weniger mit in die Weinernte gehen musste, weil eine große selbstfahrende Maschine nun diese Arbeit übernahm. Aber an Handarbeit blieb zumindest für unsere Familie immer noch genug. Computer und Handys gab es für Mehrheit der Bevölkerung noch nicht und Satellitenfernsehen durften wir alleine nicht schauen. Außerdem waren wir nach den vielen Stunden der körperlichen Arbeit draußen einfach froh, unsere Ruhe zu haben und am Abend vielleicht beim Hausaufgaben machen einfach noch etwas Radio zu hören. So blieben wir weitgehend verschont von den vielen Bildern der Gewalt, die heute täglich auf unsere Kinder und Jugendlichen einprasseln. Wenn wir damals Gewalt erlebten, dann physisch und sehr real, indem man an den Haaren gezogen wurde, jemandem eine reinhaute oder ihn in den Dreck schleuderte. Viel schlimmere Dinge habe ich, Gott sei Dank, als Jugendlicher aus der Mittelschicht nie erlebt. Hierarchien wurden damals auch nicht diskutiert, sie wurden anerkannt. Meist herrschte das Recht des Stärkeren und dass Schwächere drangsaliert wurden, wenn sie aufmuckten, war völlig normal. Der Begriff *Mobbing* war uns unbekannt, obwohl ein solches Verhalten mehr oder weniger alltäglich war. Manchmal war ich Täter, manchmal Opfer, weil ich recht unruhig war und gerne mal eine freche Lippe riskierte. Wenn der Leidensdruck allzu groß wurde, versuchte man, sich zu ändern, stärker zu werden oder sich Verbündete an die Seite zu ziehen. Die wichtigste Frage zu jener Zeit war also: „Wie überstehe ich unbeschadet den Alltag?"

Die heutigen Jugendlichen sind schon sehr früh dem Einfluss der Medien sowie Computerspielen und Smartphones ausgesetzt. Über Dutzende von kommerziellen Fernsehsendern werden Kinder wie Erwachsene manipuliert, immer mehr Wünsche zu hegen und gute Konsumenten zu sein. Auf dem Smartphone sind die Kinder oft ohne Jugendschutz-Sperre im Internet unterwegs und schauen sich so nicht nur sinnvolle Videos und Anleitungen an, sondern finden auch viel stumpfsinnigen Müll bis hin zu Inhalten, die extrem gewalttätig sind oder extreme sexuelle Freizügigkeit zeigen. Die heutigen Spiele auf den Konsolen sind so realistisch, dass man sich fragt, ob die Kinder und Jugendlichen im Ernstfall nicht das aggressive Verhalten, welches sie in Ego-Shootern erlernen, im echten Leben anwenden würden. Die Hersteller der Spiele halten dagegen, dass jeder Mensch Aggressionen in sich trägt und diese virtuellen Welten ein Ventil sind, diese auszuleben. Man kann hierbei die niederen Instinkte und Aggressivität durchleben, ohne dabei einen Menschen oder ein Lebewesen zu quälen oder zu töten. In Filmen aus der NS-Zeit sieht man, wie brutal Kinder früher teilweise miteinander gespielt oder auch Tiere gequält haben. In vielen muslimischen Ländern, wie z.B. in Marokko, wird bis heute noch wenig Gewalt im Fernsehen gezeigt. Ich frage mich, wieso der Westen, obwohl er sich doch zivilisiert nennt, es nötig hat, seine Jugend einer solch hohen Dosis an Gewalt auszusetzen. Soll sie die Kampfbereitschaft der Jugend erhalten? Gott sei Dank, beobachte ich bei unseren pubertierenden Kindern und ihren Altersgenossen noch kein übertriebenes aggressives Verhalten. Die wahrscheinlich logischste Erklärung hierfür ist, dass sie sowohl in der Schule als auch in ihrem Freundeskreis eine sehr geringe Gewaltbereitschaft erfahren und somit ganz klar zwischen der spannenden, aber fiktiven Situation im Film oder Computerspiel und der realen Situation unterscheiden können. In großen Städten und in sozialen Brennpunkten ist dies aber nicht gegeben, so dass man beobachtet, wie die Saat der Gewalt, die in den Köpfen schlummert, aufgeht.

Alles in allem sind Eltern heute oft überfordert, die Parallelwelten der Kinder alle zu überschauen und eine Auswahl zu treffen, womit die Kinder Kontakt haben dürfen und woran sie Schaden nehmen könnten. Immer mehr prasseln die Informationen und vor allem auch Gewaltdarstellungen ungefiltert auf Kinder und Jugendliche ein. Das führt dazu, dass viele zu einem Laissez-Faire-Stil übergehen und sie oft sich selbst überlassen: Unverbindliche Altersempfehlungen werden dabei ohnehin übergangen, aber auch rechtlich klar formulierte Hinweise, wie beispielsweise das Freigabealter für Apps, werden ignoriert mit der Bemerkung: „Es wird schon nichts passieren!"
Ich werde im folgenden Kapitel zeigen, wie man Kindern spannende gewaltfreie Erfahrungen ermöglichen kann, und auch Gurujis Vision einer gewaltfreien Gesellschaft vorstellen.

2.3 Frustration und Gewalt

Als Lehrer beobachte ich oft, dass viele Konflikte in der Schule durch soziale Spannungen entstehen. Manchmal sind unterschiedliche Lerngeschwindigkeiten, mal die Herkunft und wieder einmal einfach mangelnde Empathie die Ursache. Doch dies kann zu starken Frustrationen führen, die unverarbeitet bleiben und dann zu Gewaltausbrüchen führen. Mit Beginn der Pubertät kommen noch Beziehungsprobleme hinzu, besonders bei einer abweichenden sexuellen Orientierung. Der oder die Jugendliche spürt im letzteren Fall oft nur innerlich, dass sein Leben nicht rund läuft und dass er anders ist. Wir Lehrer stehen dann immer vor einem großen Rätsel und wollen verstehen, warum der junge Mensch auf einmal so verändert wirkt. Hier zu helfen erfordert sehr viel pädagogisches Geschick.

Vor einigen Jahren hatte ich in einen meiner Klassen ein Mädchen, das von Monat zu Monat verschlossener wurde. Ich vermutete Probleme zu Hause oder eine beginnende Depression, aber es war etwas ganz anderes. Erst als ich mit ihr in einer kleinen vertrauten Gruppe arbeitete,ergab sich die Gelegenheit, dass sie mit einer Kollegin ein langes Gespräch führen konnte. Anschließend teilte die Kollegin mit ihrer Erlaubnis der Gruppe mit, was sie bedrückte: „Sie fühlt sich fremd in ihrem Körper und wäre gerne ein Junge!" Es war also nur ein einziger unausgesprochener Satz, der sie so bedrückt hatte. Wir waren etwa zwanzig Personen, davon zwei Lehrer, und für einen Moment war es absolut still. Dann sagte ein Junge: „Aber das ist doch gar nicht schlimm! Wir haben das ohnehin schon geahnt. Du kannst auch gerne mit uns Jungs mal was unternehmen!" Wie erleichtert die Schülerin dadurch war und wie schnell das Lächeln in ihr Gesicht zurückkam! Von da an war sie für uns ein

Junge und wir riefen ihn von nun an bei dem Namen, den er sich gewählt hatte. Das Thema *Transgender* war für mich damals absolutes pädagogisches Neuland, denn es überstieg alle meine Erfahrungen, obwohl ich durchaus schon Begegnungen mit Schwulen und Lesben gehabt hatte. Ich persönlich würde in einem solchen Fall von allzu heftigen Eingriffen in den eigenen Körper abraten und stattdessen dazu raten, sich tiefer mit den Geschlechteridentitäten auseinanderzusetzen, wie es auch ein Transgender namens Nelemil in seinem YouTube-Video [17] empfiehlt. Die Yogis sagen, dass jeder Mensch beide Schöpfungsenergien in sich trägt und sie vereinen muss. Doch ich habe nun einen Einblick gewonnen, wie unglücklich man vor allem in der Pubertät mit dem eigenen Körper sein kann.

Gegenüber solch tiefgreifenden Identitätsproblemen erscheinen die in der Schule auftretenden Lernschwierigkeiten und kleinen Konflikte geradezu lächerlich klein. Aber jedes Problem will ernst genommen werden, sonst kocht es hoch. Probleme sind aus meiner Sicht immer als Chance zu betrachten, etwas zu lernen und ein tieferes Verständnis für die Dinge zu entwickeln. Denn verschließt man sich, so werden die gleichen Probleme so lange wiederkommen, bis man bereit ist, die Lektion zu lernen und sie wird mit jeder Wiederholung eindringlicher. Wenn man sich dann immer noch verschließt und die Krise nicht als Wendung zum Guten versteht, so kann dies sehr schmerzhafte Folgen für alle Beteiligten haben. Ich glaube tatsächlich, dass das Göttliche uns immer wieder ein bisschen ärgert, so dass wir unsere Fähigkeiten erweitern und auf Neues einstellen müssen, um dann das nächste Level bestehen zu können. Diese Welt ist eine Schule für die Seelen, auch wenn die meisten Menschen den Lehrplan nicht kennen!

Was wir zudem nicht überschauen können, sind karmische Einflüsse, also Wirkungen auf unser Leben, die wir uns scheinbar nicht ausgesucht haben und die wir oft als ungerecht empfinden. Sowohl der Islam als auch die östlichen Religionen reden davon, dass diese existieren. Sadghuru sagt immer scherzhaft: „Erinnerst du dich an deinen Ur-Ur-Ur-Großvater? Nein? Aber seine Nase sitzt in deinem Gesicht!" Sowohl unsere DNA als auch unsere Aura speichern eine unvorstellbar große Mengen an Informationen. Der Islam begründet schwierige Situationen mit Prüfungen durch das Göttliche und die Yogis sprechen von *Karma*, Handlungen aus vorherigen Leben, die neutralisiert werden müssen. Yoganandaji schreibt in seinen Lehrbriefen, dass die Seele für das kosmische Spiel namens *Maya* in verschiedene Rollen schlüpft, einmal die des Reichen und einmal die des Bettlers, einmal die des Ehrlichen und einmal die des Betrügers. Ein genaues Verständnis von solchen karmischen Einflüssen, wie die Sufi-Sheiks und Yogis es haben, ist sehr kompliziert und für die meisten Menschen unerreichbar. Deshalb sollte man sich im alltäglichen Leben damit begnügen, sich an die Regeln zu halten und somit ein schlechtes Karma zu vermeiden. Tendenzen hin zu einem schlechten Karma können laut Guruji nur durch Sadhanas, also spirituelle Übungen, und den Erwerb echter Weisheit gelindert werden oder aber durch göttliche Gnade, wie Jesus es immer wieder betont hat. Heute ist Jugendlichen das Konzept des Karma meist nur insofern vertraut, das sie wissen, dass jede Handlung eine Wirkung entfaltet, die irgendwann auf einen zurückwirkt. Dass dies über viele Ecken oder gar mehrere Leben geschehen kann, ist für die meisten von ihnen nicht vorstellbar. Aber dennoch ergibt dieses Verständnis einen intrinsischen Anreiz, sich wohl zu verhalten und so eine *Karmaschelle* zu vermeiden.

2.4 Revierkämpfe

Ab der Klasse 9 geht die Entwicklungsschere doch deutlich auseinander. Die Jungs stehen nun unter starkem Testosteroneinfluss oder wie Sadhguru es ausdrückt: „Die Hormone haben nun endgültig ihren Verstand gekidnappt!" So wird viel Energie und Grips darauf verwendet, den Lehrer und die Mitschüler zu ärgern, um sich als Alpha-Männchen zu behaupten oder nur weil das Leben ja sonst so langweilig wäre. Oft muss ich im Unterricht beobachten, dass gerade sehr clevere Schüler viele Streiche machen oder anderen das Leben zur Hölle machen, weil sie nicht wissen, wohin mit ihrer Energie. Sie können aber einfach nicht aus ihrer Haut. Zur Verteidigung der heutigen Jugend muss ich gestehen, dass wir als Jugendliche schlimmer waren, und das an einem katholischen Gymnasium:

Unsere Religionslehrerin lief mehrere Male heulend aus dem Unterricht. Der Musiklehrer brach die Gesangsproben ab, weil wir absichtlich total schräg sangen. In Latein, wo uns ein älterer Lehrer tagtäglich mit Vokabel- und Grammatikabfragen quälte, bei denen man auf einem einzelnen Stuhl vor der Klasse mit dem Gesicht zur Tafel sitzen musste, haben wir einmal einen Mitschüler 15 Minuten im Schrank versteckt. Als die Abfrage dann fertig war und wir mit der Stillarbeit anfingen, ging die Schranktür plötzlich auf und der Mitschüler ließ sich regungslos auf den Boden fallen. Der Lehrer erschreckte sich fast zu Tode. Er wollte soeben den Rettungsdienst rufen, als der Schüler ihm gestand, dass er einfach nur Angst vor der Vokabelabfrage gehabt habe und deshalb auf die Idee gekommen sei, sich zu verstecken. Einem anderen Lehrer fiel der halb mit Wasser gefüllte Tafeleimer auf den Kopf, als er die Tür des Klassenzimmers öffnete. Dies führte zu einer Bestrafung der ganzen Klasse, weil die

Schulleitung darin einen tätlichen Angriff sah und keiner zugeben wollte, dass er den Eimer auf die Tür und den Türrahmen gestellt hatte. Ich wunderte mich immer, auf welch kranke Gedanken meine Mitschüler so kamen. Aber je ausgefallener der Streich, desto höher kletterte der Initiator im internen Klassenranking. Das ist so ein bisschen wie bei Terroristengruppierungen! Bösartige Streiche waren aber nicht mein Ding, dafür war ich zu gut erzogen, also entschied ich mich der Klassenclown zu sein. Noch vor kurzem sagte eine ehemalige Kommilitonin, die den Band I meines Buches gelesen hatte: „Wow, du warst doch immer der Klassenclown! Wie kamst du zu solch tiefgründigen Gedankengängen?"

Dann kam die Zeit der Tanzkurse und der ersten Kinobesuche mit der Freundin, bei denen man oft anstandshalber noch den besten Freund mitnahm. Für manches Mädchen und manchen Jungen wurde immer klarer, dass sie aufgrund irgendwelcher Makel oder auch wegen chronischer Krankheiten nicht unter den oberen Rängen fungierten. Durch die digitalen Posting-Plattformen wie etwa Instagram ist dies heute noch viel objektiver an der Anzahl der Follower zu sehen. Wer weniger Follower hat, der steht im sozialen Ranking weiter unten. Wer stark ist, arbeitet in anderer Weise an seinem Selbstbewusstsein, aber viele Jugendliche ertrinken ihren Frust in Alkohol und hoffen, dass sie dann so ungehemmt sind, um die Richtige anzusprechen oder einfach so besoffen, dass die Richtige Mitleid mit ihnen hat. Den richtigen Partner zu finden scheint heute durch die vielen Kommunikationsmöglichkeiten viel einfacher, aber es ist viel schwerer, weil man den echten Partner nur findet, wenn die beiden Seelen zueinander finden.

2.5 Sexualisierte Gewalt

In meiner Adoleszenz lachten wir über Macho-Witze wie: „Bück dich Fee! Wunsch ist Wunsch!" Diese würde man heute klar als *sexualisierte Gewalt* einstufen und es ist nicht mehr nachvollziehbar, dass die Mädchen den Jungs diese verziehen oder einfach darüber hinwegsahen. Solche Sprüche hört man heute noch auf manchen wilden Partys oder Fastnachtsveranstaltungen, wo oft die Promiskuität ihren freien Lauf nimmt. Plumpe Anmachen wie: „Eh Mädche, willsche ficke?" gehören da eher noch zu den harmloseren Floskeln, welche der ein oder andere selbst schon einmal losgelassen hat. Dass ein solcher Ausspruch heute als Entgleisung gilt, zeigt, dass das Bewusstsein für sexualisierte Gewalt geschärft ist. Zu begrüßen ist zudem, dass in Europa auch in festen Partnerschaften nicht mehr alles erlaubt ist, was so manchem kranken Geist entspringt und ganz klar zur Demütigung des Partners führt. Weltweit beobachtet man aber, dass die Realität noch eine ganz andere ist. Aus Angst alleine zu bleiben und aus dem tiefen Bedürfnis geliebt werden zu wollen lassen sich viele Frauen auf Männer mit schlechten Manieren bis hin zu Gewaltfantasien ein und erleben in ihrer Partnerschaft viel Leid. Je selbständiger und unabhängiger die Frauen werden, desto deutlicher können sie sich diesen Zugriffen seitens der Männer entziehen. Dadurch entsteht aber oft ein neues Problem, dass die diejenigen Männer, die sich zutiefst verletzt und abgelehnt fühlen, starke Aggressionen entwickeln. Als Folge vergreifen sich viele an jüngeren Mädchen oder laden ihren Frust bei Prostituierten ab, wie es schon seit Jahrtausenden üblich ist. Die schlimmsten Fälle dieser Kette von Frustration sind Vergewaltigungen bis hin zu gezielten Tötungen von Frauen. Natürlich hoffen alle Eltern, dass ihr Kind nicht mit solchen falschen Freunden in Kontakt gerät, wobei frustrierte und zur

Gewalttätigkeit neigende Menschen noch einfach zu erkennen sind. Schwieriger wird es da schon bei Kriminellen, wie etwa Menschenhändlern, die die sogenannte *Lover-Boy-Strategie* anwenden. Ich möchte hier nur erwähnen, das sie darin besteht, dass die Werbende zu der umworbenen Person am Anfang übertrieben nett ist, bis er sie in eine hohe emotionale Abhängigkeit geführt hat. Nun kann er Forderungen stellen oder sie ist irgendwann sogar bereit, sich zu prostituieren. Bei solch widerlichen Verhaltensweisen fällt es schwer, nach den wahren Ursachen zu suchen. Viele Menschen wünschten sich intuitiv, eine solche Person würde für vogelfrei erklärt werden, so dass jeder seine Missachtung und Abscheu ausdrücken könne und sie beseitigen könne. Bei derartig bedrohlichen Delikten wird unser Tierinstinkt aktiv, der uns sagt: „Bekämpfen und töten!" Unsere Ratio und auch das Grundgesetz hält uns jedoch von jeglicher Lynchjustiz ab und fordert eine Festnahme durch staatliche Organe sowie ein faires Gerichtsverfahren. Solche schwerwiegenden Fälle bringen jeden einzelnen in einen inneren Konflikt. Statt dem Menschen eine Chance zur Wiedergutmachung zu geben hört man nicht nur bei den Radikalen Sätze wie: „Warum sollte man so einen Menschen noch verteidigen, den sollte man aufhängen! "

Eines ist klar: Durch Gesetze und Verbote lassen sich Emotionen und niedere Instinkte nicht bekämpfen! Wie ich im ersten Buch bereits berichtet habe, hat sich Guruji sehr lange mit der Frage beschäftigt, wie sich negative Emotionen transformieren lassen, bevor sie letztendlich Hass und Gewalt erzeugen. Anhand des *Prison-Smart-Programms* hat er eindrucksvoll demonstriert, dass die von ihm entworfenen Programme selbst den schweren Jungs helfen, auch wenn sie wegen Delikten wie Mord oder Totschlag einsitzen. Ich möchte im letzten Abschnitt dieses Kapitels seine Ansätze kurz vorstellen.

2.6 Zwänge

Im Schulalltag erlebe ich es immer wieder, dass Kinder und Jugendliche, die auf mich normal wirken, sich plötzlich kaum noch entwickeln und schließlich in eine Depression rutschen, weil sie zu sehr äußeren oder inneren Zwängen unterworfen sind. Die reine Rationalität ist nicht nur ein Geschenk, das uns voranbringt, sondern kann uns auch ausbremsen und missleiten. Wie in Band I beschrieben, habe ich diese Erfahrung selbst machen müssen, als ich meine Promotion unbedingt abschließen wollte. Die Erwartungen, die wir selbst oder andere an uns stellen, können uns zu Fall bringen. In der Schule fallen meist überzogene Erwartungen von Eltern auf. Bei manchen Kindern sind es auch hohe Erwartungen durch die religiöse Erziehung wie z.B. in Sekten wie den Zeugen Jehovas oder in sehr konservativen Gruppen der katholischen oder evangelischen Kirche sowie in den jüdischen oder muslimischen Gemeinschaften. Die östlichen Lehren erscheinen mir da meist etwas offener, weil sie das Fehlermachen zulassen und wertschätzen als eine Quelle der Erkenntnis. Der Buddhismus spricht beispielsweise nie von Sünden, die man begeht, sondern von Leiden, von denen man sich befreien soll. Dies könnte er Grund sein, warum viele Heranwachsende ihre Befreiung in östlichen Lehren suchen. Ich werde später auf die verschiedenen Wege eingehen.[1]

Aber auch toxische Beziehungen, die wir aus irgendwelchen Gründen aufrechterhalten, können uns starke Zwänge auferlegen und das Leid vermehren. Dass hier kein Missverständnis entsteht: Niemand ist wirklich unabhängig und frei. Alles hängt

---

[1]Das heißt aber nicht, dass die Länder, in denen der Buddhismus vorherrscht per se toleranter sind. Als Gegenbeispiel wäre hier wieder der Rohingya-Genozid zu nennen!

von allem ab! Aber man sollte im Geiste frei sein und nicht darunter leiden, wenn man mit anderen Menschen zu tun hat, und schon gar nicht aggressiv werden. Ich muss gestehen, dass ich das auch nicht mehr schaffe, seit ich Familienvater mit voller Berufsbelastung bin und dadurch meine Belastung und der Grad der Verantwortung stark gewachsen sind. Noch zu meiner Referendariatszeit kannte ich den Zustand der Glückseligkeit ganz real und schaffte es, mich aus allem Ärger herauszuhalten. Jetzt ist das so unendlich viel schwieriger, wenn man oft in alltäglichen Zwist mit Kollegen, Ehefrau und Kindern gerät und sich *die guten alten Zeiten* wieder herbeiwünscht!

Viele Väter verzweifeln an diesen täglichen Kämpfen mit ihren pubertierenden Kindern oder den Streitereien mit der Partnerin über Erziehungsfragen. Viele Spannungen entstehen einfach auch weil sich die Rolle der Kinder und der Frau stark verändert haben und so Handlungsunsicherheit entsteht. Statt den Kummer mit Alkohol zu betäuben, sollte man sich hier besser Rat aus Büchern oder auch von einem Therapeuten holen. Bei Erziehungsproblemen empfehle ich z.B. [18] oder speziell für muslimische Eltern [19] zu lesen und wirklich auch an sich selbst zu arbeiten. Gerade der Islam erklärt eine gute Erziehung der Kinder zur wichtigsten Pflicht des Menschen und lässt keinen Laissez-faire-Stil zu. Misslingt die Erziehung, weil man z.B. den Jugendlichen falsche Werte vermittelt, ihr Selbstwertgefühl schwächt oder zu viel Erfolgsdruck aufbaut, so wenden sie sich von den Eltern, werden lethargisch, flüchten in Drogenwelten oder gefährliche Aktivitäten und dröhnen sich mit lauter Musik zu. Dabei wäre ein einfaches *Zur-Ruhe-Kommen* die richtige Medizin, um das Übel an der Wurzel zu bekämpfen. Über Drogen habe ich im ersten Teil geschrieben und rate, bis auf einen medizinisch indizierten Cannabiskonsum, weiterhin davon ab.

Schließlich kann ein veraltetes oder falsches Weltbild zu Zwängen führen, wie es beispielsweise bei den Neonazis zu beobachten sind, die die Geschichte ganz anders interpretieren und verbrecherisches Handeln herunterspielen oder ganz leugnen. Es ist schwer, Neonazis aus ihrem sehr eingeschränkten Weltbild herauszuhelfen und sie aus ihren Zwängen zu befreien. Die kürzlich erneut ausgestrahlten Sendungen im Kanal ZDFInfo „Die neuen Nazis" [20], und „Staatsfeinde in Uniform" [21], bei denen mir ehrlich gesagt ein Schauer über den Rücken lief, gaben einen sehr guten Einblick in die Problematik. Mir wurde deutlich, wie wichtig es ist, von allen Seiten der Gesellschaft im Dialog mit Jugendlichen zu bleiben, Ängsten und radikalen Ansichten durch Begegnungen und Diskussionen entgegenzuwirken und es Jugendlichen zu ermöglichen, dass sie selbst einmal Ausländer sind und sich in einer fremden Kultur zurechtfinden müssen, so wie wir das in Südamerika erfahren haben. Aber ich gebe ganz offen zu, dass mich ein Unterrichten in der Klasse mit Neonazis absolut überfordern würde. In Argentinien waren einige von ihrem Gedankengut schon sehr rechts, aber ohne Defekte in der Persönlichkeit. Sie plapperten einfach Vieles ihren Eltern nach und ich musste mir wieder Nazi-Witze anhören, die ich dementsprechend kommentierte. Ich empfinde den größten Respekt für die Sozialarbeiter, welche in diesem Milieu arbeiten. Sie sollten in meinen Augen mehr verdienen als Investmentbanker, denn sie leisten der Gesellschaft unglaublich wichtige Dienste! Aber wir alle sollten uns um einen Dialog bemühen oder zumindest nicht wegschauen, wenn Gewalttaten aus rassistischen Motiven entstehen, wie es ja immer häufiger vorkommt. Zivilcourage ist wichtiger denn je, damit unsere Republik nicht immer weiter ins rechte Milieu abdriftet. Es fehlt nur noch eine schwere Rezession, dann ist die Gefahr greifbar nahe.

2.7 Unerwartete Momente

Der Mensch denkt, Gott lenkt.
Der Mensch dachte, Gott lachte!

Dieser alte Spruch will uns sagen, dass das Leben in den seltensten Fällen so verläuft, wie wir es geplant haben. Es wird immer etwas Unvorhergesehenes passieren und wir müssen darauf reagieren. Manchmal ist es etwas Erfreuliches, ein Bonbon, aber meistens ist es etwas, was uns herausfordert. Wir sollten es nicht für etwas Schlechtes halten, sondern wertschätzen, dass es ein Stein in unserem Weg ist, den wir aus dem Weg räumen oder überwinden müssen, um daran zu wachsen. Nun kann man sich natürlich fragen, was etwa an einer ungewollten Schwangerschaft oder an einem Verkehrsunfall so toll sein soll, dass ich mich dafür auch noch bedanken soll.

In vielen Religionen, wie auch im Islam, soll man aber genau die Haltung bewahren und immer davon ausgehen, dass das Göttliche uns dieses Problem schickt, um weitere tiefgehende Erfahrungen zu machen. Wie alle Weisen sollten wir fest davon ausgehen, dass wir als Seelen unsterblich sind und nur aus einem Grunde auf dieser Erde sind: Um zu lernen und zu innerlich zu wachsen! Wir sollten mit einer stoischen Haltung Freude wie Kummer annehmen und uns immer wieder sagen, dass nichts von Dauer ist, wie es auch immer beschaffen sein mag. Das Einzige, was wahrhaft unser Glück vermehrt, ist es, Mitgefühl zu entwickeln, anderen dabei zu helfen zu wachsen und sie zu begleiten, auch in den schweren Stunden, und Verantwortung zu übernehmen. Dies deckt sich mir der Ethik, die Jesus und Mohammed uns lehrten. Wir sollten im Kopf frei sein, zu tun, was getan werden muss, auch wenn es mit Scham oder gesellschaftlichem Abstieg verbunden ist, indem man sich z.B. zu einem unehelichen Kind bekennt oder eine Untat zugibt. Es hat eine ungemein befreiende Wirkung!

Wenn dies nicht geschieht und man sich immer wieder sagt: „Und was ist mit mir? Und wer kümmert sich um mich? Wieso geht es allen anderen gut und nur mir schlecht?", dann dreht sich die ganze Welt nur um einen selbst. Das eigene Wahrnehmung und das Mitgefühl werden dann zur negativen Energie. Dies erzeugt Autoaggressionen oder eine Depression, die bis zum Selbstmord führen kann, was ich leider bei einem meiner Schüler schon erleben musste.

Um sich im Alltag zu motivieren, empfehle ich die Grundsätze, die Arnold *Schwarzenegger* bei öffentlichen Veranstaltungen nennt. Sie sind spirituelle Grundsätze, wie auch Guruji sie lehrt (Übersetzt aus dem Englischen):

1. Setze dir dein Ziel und zweifle nie an dir selbst!

2. Höre nicht auf die Miesmacher, die sagen, es gehe nicht!

3. Arbeite hart, gib immer hundert Prozent!

4. Akzeptiere Niederlagen, aber stehe sofort wieder auf!

5. Hilf deinen Mitmenschen, wo immer du kannst!

Aus meiner Sicht, fehlt noch ein weiterer Grundsatz, den ich erst auf der letzten Seite des Buches ergänzen werde.

2.8 Loslassen

Ich habe mein Handy vergessen und will wieder zurück ins Hotel, um es zu holen. Die Crew von Ärzten und Betreuern hält mich aber davon ab. Sie sagen, ich könne nicht mehr zurück zu meiner Familie, wir hätten keine Zeit mehr. Sie nehmen die Kabel des EKGs ab und reichen mir den Raumanzug. Es sind nur noch zwei Stunden bis zum Start der Sojus-Rakete, die mich für ein halbes Jahr auf die ISS bringen soll!

Innerlich bin ich relativ ruhig, denn ich habe ja ohnehin keine Angst vor dem Tod, auch wenn er aufgrund eines Fehlstarts der Rakete recht unerwartet kommen könnte. Aber ich ziehe den Anzug an, setze den Helm auf und mache mich auf den Weg zu unserem Mannschaftsbus, der uns zur Startrampe transportieren soll. Als ich einsteigen will, merke ich, hier stimmt etwas nicht: Der Bus hat keine Räder, sondern er schwebt!

Ich öffne die Augen und verstehe, dass ich schon wieder geträumt habe. Ich habe keinen Raumanzug an, sondern liege auf der Behandlungsliege beim Kardiologen und bin verkabelt, weil man gerade ein EKG von meinem Herzen aufzeichnet. In meiner Hand ist immer noch der kleine Flyer mit der Einladung der Ministerin zum Treffen mit der dieser ESA-Astronautin, die als erste Deutsche vorhat zur ISS zu fliegen. Die Idee, ein Astronaut zu sein, scheint bis in mein Unterbewusstsein vorgedrungen zu sein, denn als der Arzt kommt und mir mitteilt, dass mit dem Herzen alles in Ordnung sei, bin ich schon wieder am Tagträumen, wie ich noch einmal winke und dann die Rakete besteige. Aber tief im Inneren weiß ich, dass meine Wirbelsäule die Belastungen eines Raketenstarts wohl kaum verkraften würde.

Wären wir tatsächlich bereit, alles loszulassen, um einen absolut außergewöhnlichen Moment zu erleben? Einen Moment, der uns ganz aus dem Alltag herauskatapultiert und uns zu einem ganz neuen Menschen macht? Das ist gar nicht so einfach, denn jede Veränderung bringt auch Ängste mit sich, das habe ich seit unserem Auslandsaufenthalt definitiv gelernt.[2] Es fällt den meisten Menschen ja schon schwer, nur ein geliebtes Ding oder eine Gewohnheit loszulassen, aber um sein Leben wirklich zu verändern oder gar die Erleuchtung zu finden, muss man bereit sein, wirklich alles loszulassen und totales Gottvertrauen haben. Weil das so schwer ist, hat Jesus wohl einst gesagt:

„Eher geht ein Kamel durch ein Nadelöhr,
als dass ein Reicher in das Himmelreich eintritt!"
(MK 10,25)

Wir sind alle viel zu sehr verhaftet in unserer täglichen Routine und in materiellen Dingen, dass wir den Zauber des Augenblicks gar nicht wahrnehmen und viele Chancen auch gar nicht nutzen. Die Glückseligkeit liegt in der Wahrnehmung des Augenblicks und im Nichtverhaftetsein in vergänglichen Dingen. Das Einzige, worin wir verhaftet sein sollten und auf das wir unsere ganze Aufmerksamkeit lenken sollten, ist das Göttliche. Jesus sagte:

„Euch aber muss es zuerst um Sein Reich und um
Seine Gerechtigkeit gehen; dann wird euch alles
andere dazugegeben. Sorgt euch also nicht um
morgen; denn der morgige Tag wird für sich selbst
sorgen. Jeder Tag hat genug eigene Plage!
(Mt 6,33-34)"

---

[2]Mehr zum Auslandsaufenthalt findet man in Kapitel 5 in Band I.

Das ist es, was wir bei den Meistern lernen, eins zu werden mit dem gegenwärtigen Moment. Das kann in Stille passieren, aber auch in Bewegung. Wenn wir so fokussiert sind, erkennen wir unglaublich viele Zeichen in jeder Stunde unseres Lebens und nehmen immer mehr die Stimme in uns wahr, die uns mitteilt, was gerade zu tun ist, um wahre Freiheit zu erreichen und der ganzen Schöpfung zu dienen. Dienen wir der Schöpfung, so wird die Schöpfung auch uns dienen.

Wie man aufhört ein ständig unzufriedener Konsumentenzombie zu sein und stattdessen diesen inneren Frieden findet, die Hindernisse überwindet und auf die Ebene der Meister emporsteigt, wo man eins wird mit der Schöpfung, darauf möchte ich im nächsten Kapitel eingehen.

3 Der Friede in uns

3.1 Das Raubtier Mensch

Ich sitze wie immer abends vor den Nachrichten und verfolge die Neuigkeiten aus aller Welt in der Hoffnung, dass auch mal etwas Erfreuliches dabei ist, etwas, das mich begeistert. Immerhin ist gerade Fastnacht und es gibt auch ein paar Neuigkeiten über die Karnevalsaktivitäten in den Städten am Rhein. Aber wie immer sind die meisten Berichte desillusionierend und man hat das Gefühl, dass die Menschen sich schlimmer als Raubtiere benehmen. Im Vorbeigehen höre ich nur:

In Hanau in Hessen gab es eine Schießerei in einer Shisha-Bar, wahrscheinlich aus rassistischen Motiven, so wie man das sonst nur aus Amerika kennt. Dutzende junge Menschen fanden den Tod. Die Angehörigen sind geschockt und brechen in Tränen aus, als sie davon erfahren. Der US-Präsident hat schon wieder, ohne groß nachzudenken, seine Twittermeldungen in die Welt hinausgeschickt und andere damit sehr verärgert. Der Wetterdienst warnt vor schweren Gewittern in dieser Nacht.

Ich spreche ein Gebet für die Opfer und bin froh, dass es in unserem Viertel, Gott sei Dank, noch nie Schießereien oder bewaffnete Raubüberfälle gegeben hat. Da wir bisher nur mit Diebstählen oder mutwilligen Zerstörungen zu kämpfen haben, sind wir etwas nachlässig geworden im Vergleich zu der Zeit, als wir in Buenos Aires lebten. Ich bitte die Kinder, die Rollläden heute Nacht zu schließen, damit wir das anrückende Sommergewitter gut überstehen und es nicht in ihre Zimmer regnet. Zusammen hängen wir noch schnell die Wäsche im Garten ab und entfernen alles, was wegfliegen könnte. Vor ein paar Jahren hatten wir hier oben auf dem Berg einmal Windstärke sieben, so dass das Trampolin der Kinder aus der Verankerung riss und quer hinweg über die Baugrundstücke flog, bis es dann am BMW des Nachbarn zum Stillstand kam, natürlich nicht ohne dort ein paar schöne Kratzspuren zu hinterlassen. Immer wieder hört man die Warnungen, dass man mit Extremwetterlagen wie Stürmen, Überschwemmungen, Blitzen und Hagel rechnen muss, aber selten wird es so konkret. Gott sei Dank hatten wir hier in der Region noch nie so einen plötzlichen faustgroßen Hagel, wie wir ihn kurz nach der Geburt unserer Kinder in Buenos Aires erlebt haben. Damals wurden innerhalb weniger Stunden viele Hausdächer, Dachfenster und sogar die Heckscheiben der im Freien geparkten Autos zerstört. Es scheint mir, als würde die Erde sich gegen so viel Unvernunft wehren und die Menschen immer wieder die Demut lehren.

Die Mikrobiologin Lynn Margulis und der Chemiker, Biophysiker und Mediziner James Lovelock hatten Mitte der 70er-Jahre die *Gaia-Hypothese* entwickelt, der die Vorstellung zugrunde liegt, dass die Erdoberfläche ein lebendiges System ist, welches die gesamte Biosphäre stabilisiert [22]. Sie stellten fest, dass es eine unvorstellbare Intelligenz erfordert, um die Lebensbedingungen an der Erdoberfläche zu erhalten. Auch der Quran und die spirituellen Meister betonen, dass die Schöpfung eins ist, ihr eine Intelligenz innewohnt und dass die Teilung in viele Objekte nur eine Täuschung ist. Guruji betont aber auch, dass, so lange noch nicht alle Menschen die höchste Stufe des Bewusstseins erreicht haben, es immer noch Egoismus, Gier und Gewalt in jedem von uns geben wird, was sich im Großen schließlich in Kriegen manifestiert. Nur ist es so, dass mit jeder Weiterentwicklung der Technik auch die Kriege immer heftiger werden, so wie ich das im ersten Kapitel ja bereits dargelegt habe. Unser technisches Niveau hat sich in den letzten Jahrzehnten aber schneller entwickelt als unser ethisch-moralisches Niveau. Deshalb haben wir nun ein großes Problem! Dieses verschärft sich noch erheblich, wenn in die höchsten Staatsämter Politiker gewählt werden, deren moralisches Entwicklungsniveau im Kohlberg-Modell [23] nicht einmal Stufe 4 erreicht hat, was dem Niveau eines kleinen trotzigen Kindes entspricht.

Ein weiteres Problem, welches noch die zukünftigen Generationen betrifft, sind die Umweltschäden, die durch die schnell wachsende Menschheit entstehen. Wie bereits erwähnt, ist die Umweltbewegung schon seit den 70er Jahren aktiv und weist darauf hin, dass die Ressourcen endlich sind und die Biosphäre durch den Menschen immer mehr aus dem Gleichgewicht gebracht wird und damit immer mehr Arten aussterben, weil sich für diese die Lebensbedingungen drastisch ändern oder sie unmittelbar durch den Menschen gejagt werden. Ich denke, hierzu muss ich keine Beispiele aufzählen, denn diese erscheinen fast monatlich in den Nachrichten und sind sehr einfach im Internet finden. Der Spiegel schrieb beispielsweise am 25. Juli 2014, dass von den fünf bis neun Millionen Tierarten auf der Erde jährlich etwa 11.000 bis 58.000 verschwinden. Die Umweltschäden, welche allein durch die fast 100jährige Erdölförderung und -verbrennung verursacht werden, sind enorm, auch ohne die havarierten Öltanker oder Bohrplattformen.

Trotz des diesjährigen Ausstiegs der USA aus dem *Pariser Klimaschutzabkommen* aus dem Jahre 2015 ist nahezu allen jungen Menschen heute in der Welt klar, dass es nicht so weitergehen kann mit der großen Verschwendung der Rohstoffe und wir endlich ein nachhaltiges Wirtschaftssystem etablieren müssen. Nach der Unterrichtseinheit über Klimawandel und erneuerbare Energien kommt dann immer der Punkt, wo die Schülerinnen und Schüler sehr betroffen sind über das, was die letzten Generationen vor ihnen schon alles verbockt haben, dass man 50 Jahre von den Problemen wusste und trotzdem kaum etwas unternommen hat. Wenn ich mich richtig erinnere, fuhr ich schon seit Ende der 90er mit einem schlechten Gewissen Auto und fragte mich jedes Jahr im Winter, wo die ganzen Abgase hingehen und wer das Kohlenstoffdioxid wieder zu Sauerstoff umwandelt, solange die Bäume keine Blätter tragen. Die Atmosphäre unseres Planeten ist eine sehr dünne Schutzhülle, die mit Hilfe des Treibhauseffekts eine jährliche Durchschnittstemperatur von knapp unter 15 Grad Celsius hält anstatt den minus 270 Grad Celsius, die im Weltall herrschen. Allerdings verändern wir Menschen durch den permanenten Ausstoß von infrarotaktiven Gasen, sog. *Treibhausgasen*, das Reflexionsvermögen unserer Schutzschicht, so dass immer mehr Wärmestrahlung in der Atmosphäre verbleibt und nicht mehr ins Weltall abgestrahlt wird [24]. Deshalb steigt die Temperatur allmählich an und die Erde bekommt Fieber! Das Pariser Klimaschutzabkommen soll sicherstellen, dass die Erhöhung auf 2 Grad Celsius begrenzt bleibt, bestenfalls aber darunter bleiben soll. Viele Skeptiker sagen, dass es gar nicht zu einem solchen Anstieg kommen wird oder dass er irrelevant sei. Man stelle sich aber einfach einmal vor, dass die eigene Körpertemperatur permanent 2 Grad zu hoch, also etwa bei 38 Grad Celsius liegen möge, man also permanent Fieber hätte. Das würde den eigenen Körper extrem schwächen und

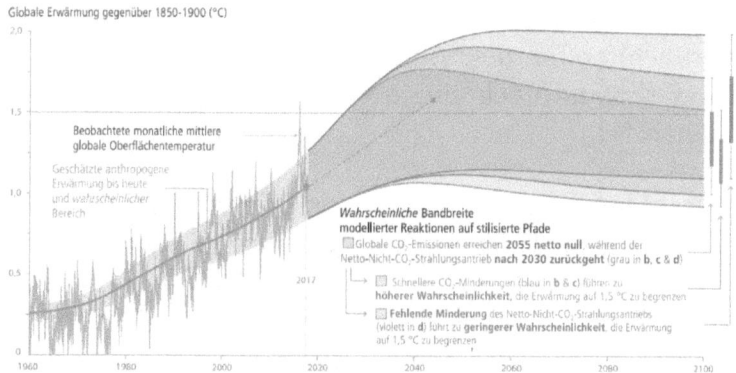

Abbildung 3.1: Anstieg der globalen Temperatur
Quelle: IPCC Sonderbericht 2018 auf [24]

wahrscheinlich zum vorzeitigen Tod führen. Warum sollte es der
Erde da besser ergehen? Die 2 Grad sind ja auch nur ein Durch-
schnittswert, lokal kann die Änderung noch schlimmer ausfallen
- in Deutschland bis zu 4 Grad mit einer starken Umverteilung
der Regenfälle. Eine unabhängige und gut recherchierte Darstellung für Deutschland findet man unter [25].

Weltweit sind die Veränderungen ebenfalls als verheerend einzustufen. Hier einige Beispiele:

- Wenn im Himalaya die Gletscher vollständig wegschmel-
  zen sollten, versiegen auch die großen Quellflüsse, die Milliarden von Menschen in China und Indien mit Wasser
  versorgen. Große Flüchtlingswellen wären die Folge!

- In Marokko sind bereits 2/3 aller Oasen ausgetrocknet, die
  Wüste ist immer schneller auf dem Vormarsch.

- Einige Gebiete könnten noch trockener werden und unbrauchbar für den Ackerbau. Allerdings kämen wie z.B. in Grönland auch einige kleine Flächen für den Ackerbau hinzu.

- Der Meeresspiegel könnte ansteigen, allerdings ist man sich über die Höhe uneinig. Vorsichtige Schätzungen gehen von 1-2 Metern aus, wohingegen Al-Gore in seinem Film „Eine unbequeme Wahrheit" von bis zu 6 Metern ausging. Demnach könnten viele Küsten in Mitleidenschaft gezogen werden, besonders durch starke Sturmfluten, die nun in Küsten und Landstriche eindringen könnten.

- Die Korallen in den Meeren könnten durch die veränderten Lebensbedingungen absterben, was wiederum starke Auswirkungen auf die Fischbestände hätte, da diese die Brutgebiete vieler Seefische sind.

- Der Golfstrom könnte sich abschwächen und so in Europa sogar für ein sehr kaltes Klima sorgen, welches bis zur Vereisung großer Flächen führen könnte.

Trotzdem gibt es nicht nur in den USA, sondern auch in Deutschland viele Menschen, die die These vom menschengemachten Klimawandel strikt ablehnen. Sie beharren darauf, dass der Klimawandel entweder ein völlig natürliches Phänomen ist und der Mensch nur einen marginalen Beitrag leistet oder ohnehin der Effekt so gering ist, dass er nicht stört. Sogar die Ursache-Wirkungskette wird verdreht, indem postuliert wird, die Sonne erhöhe die Temperatur auf der Erde durch einen veränderten Aktivitätszyklus, daraufhin würden sich die Meere erwärmen und mehr CO_2 ausgasen. Dennoch ist sich die

Mehrheit der Wissenschaftler einig, dass der derzeitige CO_2-Wert, der 1950 die 300ppm-Grenze überschritten hat und derzeit bei 400ppm liegt, menschengemacht ist. Im Jahr 2017 hat die Menschheit ungefähr 37 Milliarden Tonnen von diesem Gas ausgestoßen. Nur ein Prozent der Treibhausgase kam dabei, anders als von den Skeptikern behauptet, aus Vulkanen. Die aktuellen Zahlen zum Zustand unser Atmosphäre sind erdrückend und können auf [26] abgerufen werden.

Der Beweis für die These des menschengemachten Klimawandels lässt sich laut Harald Lesch durch die Radiokarbonanalyse des CO_2s erbringen [27]: In lebenden Substanzen findet man in allem, was Kohlenstoff enthält, einen geringen Prozentsatz des radioaktiven C^{14}-Isotops. Aber der Kohlenstoff in fossilen Brennstoffen enthält nahezu gar kein C^{14} mehr, sondern nur noch das stabile Isotop C^{12}, da das radioaktive Isotop schon zerfallen ist. Untersucht man also einen Liter Luft, so müsste, wenn das CO_2 vollständig aus dem natürlichen Kreislauf wäre, die typische C^{14}-Konzentration sichtbar sein. Dies ist aber nicht der Fall, was darauf hindeutet, dass immer mehr Kohlenstoff aus fossilen Quellen stammt. Untersucht man zusätzlich noch die Konzentration eines dritten Isotops des Kohlenstoffs, so lässt sich eindeutig beweisen, dass das die Erhöhung der CO_2-Konzentration eindeutig auf die Nutzung fossiler Brennstoffe, also auf den Menschen, zurückgeht und nicht etwa auf die Ausgasung der Ozeane und der Vulkane, wie es viele Skeptiker behaupten.

Die Sendung „Scobel: Rettet die Erde" [28] (vom 28. Februar 2020) erklärte die komplexen Zusammenhänge sehr ausführlich. Hier plädieren die Wissenschaftler und Journalisten dafür, dass das neue Zeitalter des *Anthropozän* begonnen habe, denn die

Welt wird durch den Menschen in einem rapiden Tempo grundlegend verändert und durch die Plastikablagerungen überall auf der Welt wird dies auch für kommende Generationen in den Gesteinsschichten sichtbar sein. Es fühlt sich für viele an wie die Endzeit, in der wir uns da gerade befinden, zumindest ist das so, solange wir nicht verstehen, was wir da tun und dass wir endlich aufwachen müssen. Auf Dauer kann es keine ständig wachsende Wirtschaft geben, sondern nur stabile und nachhaltige Wirtschaftssysteme. Wir sind auch nicht glücklicher in einer Überflussgesellschaft, wie wir es ja alle jeden Tag spüren. Materialismus und Wohlstand machen bei einem Übermaß irgendwann keinen Sinn mehr. Doch wie kann man dieser Blase entkommen, die auch Sängerin Katy Perry in ihrem berühmten 2017er Disco-Song *Chained to the rhythm* besingt? Viel Zeit haben wir nicht mehr, denn wenn sich die Erdbevölkerung noch einmal verdoppeln sollte, dann ist die Kapazitätsgrenze schon überschritten. Die letzte Verdoppelung passierte innerhalb von 30 Jahren. Der Moderator Dirk Steffens bringt es in seinem Schlussstatement in der Diskussion mit Gerd Scobel auf den Punkt:

Noch ist unser Fehlverhalten wie eine uns selbst vernichtende Krankheit, die mit bitterer Medizin noch zu bekämpfen ist, wenn wir aber so weitermachen, werden Amputationen notwendig sein, um uns zu retten.
Derzeit ist von acht Millionen Arten an Lebewesen eine Million vom Aussterben bedroht. Selbst wenn wir keinen einzigen Gletscher mehr auf der Erde haben, könnte die Menschheit noch überleben, aber nicht mehr, wenn so viele Arten aussterben. Wir müssten demnach nicht fordern: „Rettet die Erde!", denn der Erde ist es egal, sie wird sich innerhalb von Jahrmillionen erholen, wir müssten fordern: „Rettet die Menschen!"

In einer Sendung von Planet E, die über das massive Insektensterben informierte, welches uns als Spezies wahrscheinlich am meisten betreffen wird, stand am Ende der Satz: „Nur wenn wir uns ändern, haben die Insekten eine Chance!"

Unser Leben kommt den meisten von uns immer noch als ein lustiges Spiel vor, in dem jeder wie im Monopoly seine Gier ausleben und den anderen zeigen kann, dass er cleverer, schneller und erfolgreicher als die anderen ist. Dieses Handeln nach dem *Konsum-Paradigma* zerstört aber alles, was über Jahrmillionen gewachsen ist und was in einem sensiblen Gleichgewicht ist. Pro Jahr emittiert die Menschheit rund 40 Gigatonnen CO_2 in die Erdatmosphäre. Um das Zwei-Grad-Ziel einzuhalten schätzen Wissenschaftler, dass die Atmosphäre max. noch 600 Gigatonnen aufnehmen kann [29]. Es bleiben also rund 15 Jahre zur Dekarbonisierung unserer Industrie und zum Aufbau einer nachhaltigen Wirtschaft, wie wir bis Mitte des 18. Jahrhunderts hatten. Aber die Technologien, um Sonne, Wind und Wasser zu nutzen sind heute unvergleichbar moderner. Die Abschaltung der Kohlekraftwerke bis zum Jahr 2035 ist beschlossen. Die Elektrifizierung der Verkehrs schreitet von Jahr zu Jahr voran und Biogasanlagen sowie Gaskraftwerke sprießen aus dem Boden. Wenn wir Glück haben, wird außerdem der Fluch der Kernenergie noch zu einem Segen für die Menschheit. Falls die internationalen Bemühungen erfolgreich sind, werden wir in ca. 50 Jahren die ersten Kernfusionskraftwerke haben und einen Teil der hässlichen Windräder wieder abbauen können.

Wir alle müssen die Probleme unserer Zeit sehr ernst nehmen, die der jüngste UN-Bericht aus dem Jahr 2019 [30] klar benennt und endlich verstehen, dass wir alle in einem *Lebensnetz* zusammen verwoben sind!

3.2 Was heißt Leben?

Fragt man einen Südamerikaner, so erhält man die Antwort: „Leben ist Veränderung!" Dies drückt aus, dass sich alles entwickelt und ständig versucht sich zu verbessern und sich neu an die Veränderungen anzupassen. Die große Frage ist aber, ob das Ziel schon vorgegeben oder ob es eine ergebnisoffene Entwicklung ist. Die wissenschaftliche Antwort auf diese Frage findet man in Capras Buch *Lebensnetz* [22]. Er zeigt, dass die Entwicklung des Lebens nicht zufällig war, auch wenn der Zufall und das Chaos an der Vielfalt des Lebens beteiligt waren.

Wenn ich die *Chaostheorie*, die auch mein Examensthema war, in den Oberstufenkursen in Physik unterrichte, fühle ich mich immer so, als würde ich eine Heilsbotschaft verkünden:

> Liebe Jugendliche, ich muss euch sagen, Newton hatte Unrecht, als er durch seine *Philosophiae Naturalis Principia Mathematica* suggerierte, dass die ganze Welt berechenbar sei! In vielen Bereichen der Welt herrscht das Chaos und dies ist auch essentiell wichtig! Außerdem zeigt die Quantenphysik, dass die Welt prinzipiell nicht berechenbar ist und wir alle einen freien Geist haben und für unsere Taten dann aber auch selbst verantwortlich sind.

Viele Male habe ich meinen Vortrag *Was Einstein nicht glauben wollte* schon gehalten und mit Freude beobachtet, wie mein Publikum auf die Aussagen der Quantentheorie reagiert und ob sie die Zweifel Einsteins an der Zufälligkeit der Welt nachvollziehen konnten. Um die Begeisterung überspringen zu lassen, lasse ich die Jugendlichen oft das *Chaosspiel* durchführen:

- Zeichne ein gleichseitiges Dreieck auf ein weißes A4-Blatt! Wähle als Seitenlänge mindestens 8cm. Die Winkel betragen alle 60 Grad!

- Wähle irgendwo auf dem Blatt einen zufälligen Startpunkt und markiere ihn mit dem Bleistift durch einen Punkt oder ein kleines Kreuz. Dies ist der aktuelle Punkt.

- Beschrifte die Ecken des Dreiecks wie folgt:
1 und 2 für Mitte oben, 3 und 4 für links unten und 5 und 6 für rechts unten.

- Nimm nun einen normalen Würfel und würfele. Die gewürfelte Zahl gibt dir die aktive Ecke an, z.B. bei 3 die linke untere Ecke.

- Nimm nun ein Lineal oder Geodreieck und lege es vom aktuellen Punkt zur aktiven Ecke.

- Setze einen neuen Punkt genau in die Hälfte der Strecke. Dies ist der neue aktuelle Punkt.

- Würfele erneut und ermittele die neue aktive Ecke und gehe wieder um die Hälfte der Strecke auf diese Ecke zu, usw.

Die Jugendlichen sollen dann immer raten, was dabei herauskommt. Alle verstehen sofort, dass man nicht mehr aus dem Dreieck herauskommt, wenn man einmal drin ist. Manche argumentieren, dass sich das Dreieck ganz füllen wird, andere wiederum, dass wohl Bereiche leer bleiben werden. Niemand rät aber, dass nach sehr vielen Durchführungen trotz allem Zufall immer genau das gleiche Muster entsteht, obgleich jeder einen anderen Startpunkt hatte und auch andere Zahlen würfelte. Es ist in der Literatur als das *Sierpinsky-Dreieck* bekannt und für mich das Symbol der perfekten Ordnung im Chaos. Ich habe es auf Seite 176 des Buches eingefügt.

Was hat das alles mit Capras Buch zu tun, fragst du dich? Naja, der Wissenschaftler zeigt in seinem Buch, dass Chaos und Ordnung sich nicht widersprechen, sondern zusammenarbeiten und das Leben erschaffen. Mit sehr wenigen Regeln und Eigenschaften, die teils schon in unserer Welt implementiert sind teils aber im Geiste befolgt werden müssen, führen nach meiner Überzeugung dazu, dass die Entwicklung immer weiter auf einen stabilen Endzustand hinläuft und am Ende etwas außergewöhnlich Schönes herauskommt, wie dieses fraktale Dreieck. Für die Menschheit könnte das so etwas sein wie das Himmelreich auf Erden, in dem nur noch Menschen leben, die keinerlei Feindschaften mehr hegen und im Einklang mit der Natur leben. Beim Chaosspiel gibt es eine Handvoll Punkte, die zu Beginn aus dem Muster fallen, sich aber immer mehr aus der aufgezwungenen Ordnung ergeben. Bei der Menschheit könnte das genauso sein, dass wir uns bis jetzt noch ausgelebt haben und unsere Freiheit in Übermaßen genossen haben, nun aber erkennen müssen, dass jeder einzelne seine Verantwortung gegenüber der ganzen Schöpfung wahrnehmen muss, sonst gefährdet er eben diese.

Capra beschreibt in seinem Buch die Entwicklung des Lebens mit Begriffen aus Luhmanns *Systemtheorie* und der *Kybernetik* [31]. Er spricht von dissipativen Strukturen, also energetisch und stofflich offenen Systemen, die in der Ursuppe entstanden und als kybernetische Systeme erster Ordnung schon auf Umwelteinflüsse wie etwa die Temperatur und den pH-Wert reagieren. Weiterhin benutzt er Maturanas Begriff der *Autopoiese*, also der Selbsterschaffung aufgrund struktureller Gegebenheiten und Kopplungen, um zu erklären, wie sich diese Systeme immer weiter stabilisieren bis zu einem kybernetischen System zweiter Ordnung, also einem, welches sich völlig autark steuert, selbst erhält und reproduziert, ein Einzeller. Er beschreibt, was jede

Zelle von uns von den Bakterien geerbt hat und wie sie sich weiterentwickelte und ihre Anpassung an die Umgebung verbesserte. Schließlich entstanden die kognitiven Systeme, die ihre Umgebung in irgendeiner Art und Weise wahrnahmen und auf sie reagierten. Die Evolution brachte immer mehr Arten hervor, die immer höher entwickelt waren und über immer höhere kognitive Fähigkeiten verfügten, bis hin zum Menschen, der sogar über sein eigenes Leben nachdenken kann und Begriffe wie Vergangenheit, Gegenwart und Zukunft versteht. Capra geht weit über das hinaus, was der Quantenphysiker Erwin Schrödinger, dessen Bücher übrigens auch absolut lesenswert sind, im Jahre 1944 mit seinem Aufsatz: „Was ist Leben?" bereits genauer reflektierte. Als Physiker verstehe ich wie Schrödinger und Görnitz das Lebendige als einen sich immer weiterentwickelnden Quantenprozess. Das Typische für Quantensysteme ist, dass sie eine Einheit bilden und nicht aus Teilen bestehen. Stirbt ein Lebewesen, so endet der Quantenprozess und das System zerfällt in seine Teile: Die Signale im Gehirn folgen keinem gemeinsamen Muster mehr und verschwinden ganz und die Zellen des Körpers bilden keine Einheit mehr. Die zentrale physikalische Aussage ist: *In Quantensystemen ist das Ganze mehr als die Summe seine Teile!* Das Verschmelzen der Teile zu einer Einheit schafft so unglaublich viele neue Eigenschaften, die nicht immanent vorhanden sind, sondern als systemische Eigenschaften durch die Verschmelzung der Teile entstehen. Ohnehin sind diese Teile wie z.B. die Körperteile oder auch die Organe nur gedachte Einheiten und waren in Wirklichkeit immer ein Ganzes, welches durch ein intelligentes Quantenfeld, die Seele, gesteuert wird. Wer sich dafür näher interessiert, dem empfehle ich zwei Bücher des Physikprofessors Th. Görnitz, [32] und [33]. Ich durfte ihn kürzlich auf dem philosophischen Quartett der deutschen Physikalischen Gesellschaft persönlich erleben und fand ihn auch als Mensch sehr sympathisch. Auf meine Frage, ob der Tod durch das Ende des Quantenprozesses definiert sei, erzählte er, wie er damals in der DDR als Totengräber arbeite und es gut sei, dass nur Ärzte einen Menschen für tot erklären dürften, weil es echt komplizierte Fälle gäbe. Das deckt sich voll und ganz mit meiner Auffassung, dass unsere Seele, also das Quantenfeld um unseren Körper herum, für sich alleine existieren kann und es viele Zustände gibt, wie dieses Feld mit dem Körper in Wechselwirkung treten kann. Endet jegliche Wechselwirkung, so spricht man vom Tod des Lebewesens und der Körper zerfällt, weil die intelligente Steuerung fehlt. Aber das muss ich ja nicht näher ausführen, denn jeder von uns wird es ja noch selbst erleben.

Auch wenn man weiß, was der Tod ist, was das Leben ist, muss jeder selbst herausfinden, indem man es lebt und jeden Tag Neues entdeckt, vor allem in Bezug auf sich selbst. Sadhguru fragt gerne seine Schüler: „Kannst du dich noch an deinen Uropa erinnern?" und wenn der Befragte dann irritiert mit Nein antwortet, erwidert er: „Aber sieh, seine Nase und seine Hautfarbe sind hier in deinem Gesicht! Jede deiner Zellen erinnert sich perfekt an ihn!" Diese Aussage ist etwas plakativ, denn durch die Durchmischung der Gene kommt es ja immer zu Veränderungen, aber er will damit sagen, dass der Körper ein sehr viel größeres Erinnerungsvermögen besitzt, als unser Gehirn es je zu fassen vermag. Man könnte es auch so deuten, dass nicht nur unsere Gehirn Information speichert und verarbeitet, sondern jede Zelle in unserem Körper tut dies. Macht man sich dies bewusst, so versteht man den großen Drang der Yogis, statt Fachbüchern sich selbst zu studieren, denn nach deren Überzeugung kann jeder Mensch die gesamte Schöpfung wahrnehmen, weil das Leben eine Einheit bildet.

3.3 Der Weg ins Unbekannte

„Diese Unterrichtsreihe wird die Schüler meines Physikkurses sicher begeistern!", dachte ich mir, nachdem ich mich wochenlang über die legendäre Entwicklung der NASA und deren ersten erfolgreichen bemannten Flug zum Mond schlau gemacht und dies nun in einer englischsprachigen Unterrichtsreihe niedergeschrieben hatte. Vor allem war es ein befriedigendes Gefühl, den eigenen Horizont erweitert zu haben. Welch ungeheure Entwicklung der Wettlauf ins All und schließlich zum Mond in der Zeit vor meiner Geburt wohl gewesen sein musste! Am meisten beeindruckte mich, wie eine so riesige Gruppe von 400.000 Ingenieuren, Wissenschaftlern und Technikern zusammenarbeiten konnte, um die Apollo-11-Astronauten schließlich zum Mond zu bringen. Alle zogen an einem Strang und wollten etwas Großes schaffen. Eine solche gesellschaftliche Kohärenz zu erreichen ist in der heutigen Überflussgesellschaft wahrscheinlich nur bei einer Fußball-Weltmeisterschaft möglich, obwohl da die Fans ja nicht wirklich etwas für das Team tun, außer Karten zu kaufen und mitzugrölen. Die Astronauten damals legten ihr Leben ganz in die Hand der Ingenieure und umgekehrt waren diese sich ihrer hohen Verantwortung bewusst. Die ganze Welt verfolgte den Start der Saturn-V-Rakete im Fernsehen. Auch Fehler und Fehlschläge wären innerhalb von Sekunden übertragen worden. Aber die mehrtägige Mission gelang bis auf ein paar Fehler im Bordcomputer der Landefähre vorbildlich. So sprach Neil Armstrong am 21. Juli 1968 die berühmten Worte:

Es ist ein kleiner Schritt für einen Menschen,
aber ein Riesensprung für die Menschheit!

Weltweit beobachteten Millionen von Menschen aller Nationen, wie er aus der Mondlandefähre ausstieg und als erster Mensch den Mond betrat. Aber wie bereits erwähnt, war er nur die Spitze eines Eisbergs von Hunderttausenden von Menschen, die dies durch ihre gemeinsame Anstrengung ermöglicht hatten. Im Arabischen würde man solches Unternehmen als *Dschihad* bezeichnen, was wörtlich soviel wie *große Anstrengung* bedeutet. Aber wie schon in Band I gezeigt, wird es von Extremisten leider häufig als *Glaubenskrieg* gebraucht. Hier war es die große Anstrengung der Amerikaner, die John F. Kennedy in seiner Rede im Mai 1961 gefordert hatte, um die Mondlandung bis zum Ende des Jahrzehnts wahr werden zu lassen. Aber war es tatsächlich Kennedys Vision gewesen, Menschen auf den Mond zu bringen?

Die Visionäre waren zuallererst die Science-Fiction-Autoren Cyrano de Bergerac und Jule Vernes, die in ihren Romanen davon träumten, dass der Mensch das Weltall bereist. Diese Bücher inspirierten junge Männer in vielen Ländern, die dann daran arbeiteten, die Vision wahr werden zu lassen. In der Sowjetunion waren es Konstantin Tsiolkowski sowie später Sergei Koroljow, den die Amerikaner nur als Mister-X kannten, weil seine Identität verheimlicht wurde. Die Erfolgsgeschichte der NASA beginnt strenggenommen mit den deutschen Pionieren Hermann Oberth und seinem charismatischen Schüler, dem Freiherrn Wernher von Braun, der während des Zweiten Weltkriegs den Auftrag erhielt, seine bis dahin entworfenen Raketen weiterzuentwickeln. Von Braun war so passioniert, dass er dafür in die SS eintrat und als Leiter der Heeresversuchsanstalt Peenemünde den Befehl Hitlers akzeptierte, seine V2-Rakete in großer Stückzahl zu produzieren, um damit die Städte der Alliierten als Vergeltung zu bombardieren. Traurig auch, dass er nicht verhinderte, dass allein bei der unterirdischen Fertigung dieser komplizierten Waffe zehntausende von Kriegsgefangenen eingesetzt wurden, wobei bei der Fertigung mehr umkamen als durch ihren Einsatz! Er selbst betonte immer wieder, er hätte es nicht verhindern können. Die Todesopfer auf der gegnerischen Seite sah man wohl in diesen Zeiten als normale Verluste an.

Als Deutschland in Trümmern lag und kapitulieren musste, entschieden die meisten schlauen Köpfe, die an der Entwicklung der Raketen beteiligt waren, sich zunächst im Süden Deutschlands zu verstecken und dann mitsamt den Raketenplänen zu den Amerikanern überzulaufen. Dort waren sie hochwillkommen und erhielten Straffreiheit. Sie siedelten sich in Huntsville in Alabama an, wo sie direkt wieder an die Arbeit gingen, nur diesmal für die US-Armee. Ohne sie wäre die NASA nicht schnell genug auf dem Mond gelandet und hätte den Wettlauf gegen Koroljow und seine Mitarbeiter haushoch verloren - undenkbar, dass Amerika von Russland übertrumpft werden würde. Dafür verschwieg man gerne, dass diese Techniker ursprünglich an Vernichtungswaffen arbeiteten. Aber wie so häufig ist die Technik ambivalent. Die gleiche Technik, mit der man tausende von Menschenleben ausradieren konnte, diente nun dazu, um die Menschheit zu vereinen.

3.4 Der Weg der Verführer

Jesus[as] hat immer vor den falschen Pharisäern gewarnt, die so tun, als seien sie fromm und gerecht und in Wahrheit setzen sie im Verborgenen schonungslos ihre Interessen. Heutzutage ist es Gott sei Dank so, dass durch das Internet vieles ans Licht kommt und man kaum noch etwas vor den Augen der Öffentlichkeit verstecken kann. Es bildet sich eine Art globales Bewusstsein heran. Enthüllungsplattformen wie WikiLeaks, GreanLeaks, Brussels Leaks, AnonLeaks, Aljazeera, Transparency Unit, aber auch YouTube dienen weltweit dazu, eindeutige Rechtsbrüche und nicht hinnehmbares Verhalten öffentlich an den Pranger zu stellen. Die Enthüllungen von Edward Snowden auf Wikileaks zum Drohnenkrieg der USA in Afghanistan sind ein bekanntes Beispiel hierfür, auf das ich im nächsten Kapitel eingehen werde. Mein Lieblingskabarettist Volker Pispers [34] bringt es in seinen Vorträgen immer wieder bissig auf den Punkt:

„Auch der Westen betrügt und tritt seine eigenen Werte mit Füßen - ob es die Amerikaner sind, die sich jede Einmischung in ihre Wahlen verbitten, aber mit Hilfe ihrer Geheimdienste, NGOs oder Firmen-Netzwerke in vielen Ländern aktiv Regimewechsel herbeiführen oder ob es die EU ist, die die Menschenrechte immer hoch hält, aber dann doch die Grenzen schließt und dadurch Flüchtlinge an Zäunen verenden oder im Mittelmeer ertrinken lässt."

Wenn ich mit Menschen in Südamerika oder in Marokko gesprochen habe, bestätigten sie mir immer genau dies. Sie konnten es verstehen, denn wir Staaten der Ersten Welt haben die wirtschaftliche und militärische Vorherrschaft, aber enttäuschend fanden sie es dennoch, dass wir uns christliches Abendland nennen und dennoch so wenig christlich mit den schwächeren Staaten umgehen. Es ist ähnlich wie zwischen Israel und den Palästinensern. Die von ihren Verbündeten hochgerüstete Atommacht Israel bestimmt, was Recht und Ordnung in dieser Region ist und besetzt Landstriche nach ihren strategischen Überlegungen und seinen Sicherheitsinteressen. Netanjahu hat Anfang 2018 die Besetzung weiterer Teile des Westjordanlands angekündigt und begrüßte die Anerkennung von Jerusalem als Hauptstadt. International findet dieser Friedensplan von Präsident Trump viel Kritik, weil er die Rechte der Palästinenser mit Füßen tritt und völkerrechtswidrig ist.

Es ließen sich für die USA unzählige Beispiele anführen, wie z.B. der völkerrechtswidrige Golfkrieg im Irak, die gesteuerten Umstürze in so vielen Ländern, vor allem in Südamerika und in den Ostblockstaaten, bis hin zu dem sinnlosen Krieg in Vietnam, von dem der Film Platoon erzählte, den ich bereits in Kapitel I erwähnte. Ich werde im Kapitel 4.6 noch etwas genauer auf die Zusammenhänge in der Ukraine eingehen.

Aber auch in der muslimischen Welt gibt es viele Wölfe im Schafspelz, die mehr oder weniger Brände legen, angefangen bei salafistischen Predigern wie Abu Walaa, der unter dem Deckmantel des Islam versucht, junge Menschen für Gewalttaten zu motivieren, bis hin zu harmlos erscheinenden Predigern wie Dr. Zakir Naik. Dieser tritt sogar auf ökumenischen Treffen zwischen Muslimen und Hindus in Indien und Pakistan auf, wo er den frommen Muslim mimt und alle Bibel- und Koranverse auswendig zitiert [35]. In dem ausgewählten Video, in dem Naik eine Antwort gibt auf Gurujis Bemühungen, Muslime und Hindus zusammenzubringen, zeigt sich sich bereits deutlich seine Überheblichkeit und seine Starrheit im Geiste. In anderen Vi-

deos sieht man, wie er ganz klar manipulativ auftritt und den
Teilnehmern eben nicht die freie Entscheidung lässt, ihren Weg
zu wählen, sondern ihnen unmissverständlich sagt, dass sie auf
dem Weg zur Hölle sind, solange sie noch nicht den Islam ange-
nommen haben. Er ist scheinbar nie in die Mystik vorgedrungen,
sondern in einer Pseudorationalität steckengeblieben. Er erklärt
sermonartig, was alles *haram* (religiös verboten) und was *halal*
(wünschenswert, erlaubt) ist. Ist der nach Rat suchende Fra-
gende, meist ein Hindu, dann immer noch nicht überzeugt, das
Richtige zu tun, dann hilft die ganze Menge muslimischer Zuhö-
rer mit, ihn dazu zu drängen, doch schnell die Shahada auszu-
sprechen und so zum Islam überzutreten. In vielen christlichen
Religionsgemeinschaften erlebt man auch solche Zwangsbekeh-
rungen. Einmal habe ich dies unvorbereitet im öffentlichen Got-
tesdienst einer Pfingstgemeinde in Brasilien live erlebt. Es wirkte auf mich wie eine Art Teufelsaustreibung auf offener Straße.
Jesus[as] wäre sicher schockiert, wenn Menschen in seiner Gegenwart eine solche spirituelle Vergewaltigung erfahren würden!
Aus muslimischer Sicht darf laut Sure 2 Vers 254 kein Zwang in
Glaubensfragen ausgeübt werden. Für mich sind diese Zwangs-
bekehrungen ebenfalls ein Ausdruck von Gewalt.

Wie wohlklingend und befreiend erscheinen dagegen die Verse
von Rumi, die ebenfalls deutlich mahnen, Gott zu suchen, aber
dem Menschen die Freiheit lassen, dies auf seine Weise zu tun.
Ebenso versuchen die meisten indischen Gurus, von denen ich
einige mir bekannte auf Seite 88 noch genauer vorstellen werde,
die Menschen dazu zu bringen, das Geheimnis zu suchen, die
alten Denkmuster zu zerstören und die verfeindeten Parteien in
religiösen und politischen Konflikten wieder dazu zu bringen,
aufeinander zuzugehen, sich auszutauschen und einander zu re-
spektieren, auch wenn es viele Differenzen gibt.

Trotzdem treten immer wieder diese falschen Führer auf. Auch Hitler wurde schließlich von vielen als der Heilsbringer der deutschen Volkes wahrgenommen. Teile der deutschen Bevölkerung sehen das heute immer noch so, weil sie seine Schreckensherrschaft nicht wahrhaben wollen und er immer noch ihr *Führer* ist. Mit solchen falschen Pharisäern kann man nicht verhandeln. Man darf ihr Handeln auch nicht tolerieren! Das erfordert eine wahrhaft große Anstrengung, einen Dschihad, denn man muss ihre Machenschaften schonungslos aufdecken und sie möglichst durch gewaltlosen Widerstand dazu bringen, ihr inakzeptables Verhalten aufzugeben und stattdessen sich wahrer Spiritualität zuzuwenden, wie sie nur ein echter Meister lehren kann.

Mahatma Gandhi kann hierfür eine große Inspiration sein, der durch seine Autobiografie [36] und den gleichnamigem Film aus dem Jahr 1982 [37] allen bekannt sein müsste. Sein wichtigstes Prinzip war *Ahimsa*, die Gewaltfreiheit, und die Wiederherstellung von moralischen Werten, womit er im Jahre 1947 die Unabhängigkeit Indiens erlangte. Jesus[as] und Mohammed[saw] als Propheten waren die Vorbilder für authentische Meister ihrer Zeit. Gandhi hätte allerdings die Gewaltanwendung der muslimischen Gemeinde in den vielen Konflikten mit den Nachbarstämmen sicher verurteilt, worin viele Christen ihm zustimmen würden. In den folgenden Abschnitten werde ich die Meister vorstellen, mit deren Lehre ich mich intensiv beschäftigt habe.

3.5 Der Weg des Aikido

Mit Karate und Aikido kam ich bereits während meiner Schulzeit in Kontakt[1], habe dann im Studium Karate aufgegeben und Aikido immer intensiver studiert. Karate brachte mich immer wieder in die Situation, mich mit anderen messen zu müssen und viele Leute, die es trainierten, benutzten es nur, um ihr Ego noch weiter aufzuplustern und anderen körperlich überlegen zu sein. Ganz anders klang da die Lehre des Begründers, Meister Morihei Ueshiba, den alle Aikidokas nur als *O-Sensei* bezeichnen. Sein Leben und seine Gedanken über das Budo sind ausführlich in dem Werk [38] dargelegt, das sein Sohn über ihn verfasst hat:

O-Sensei wurde 1883 in Tanabe in Japan geboren, studierte neben der Schule die Schriften des Konfuzius und des Buddhismus. Nach seinem Diplom an der Handelsschule zog die Familie nach Tokio, wo er Ju-Jutsu und Ken-Jutsu zu studieren begann. Er diente ab 1903 in der japanischen Armee im russisch-japanischen Krieg und wurde zum Feldwebel befördert. In der Freizeit studierte er weiter Ju-Jutsu und nun auch Judo. Ab 1910 gründete er eine Siedlergruppe zur Besiedlung der Insel Hokkaido. In der Zeit auf der Insel Hokkaido lernte er Meister Sokaku kennen, bei dem er ein Diplom in Daito-ryu Ju-Jutsu erwarb. Dies war die Grundlage für seine eigene Kampfkunst Aikido. Im Jahr 1917 erkrankte sein Vater schwer und er kehrte in die Heimat zurück. Dort traf er einen Meister namens Onisaburo, der ihn die *Meditationstechnik zur Besänftigung des Geistes und Rückkehr zum Göttlichen* lehrte. Als er ihn verließ, bat er ihn für seinen Vater zu beten, aber dieser antwortete nur: „So

---

[1]siehe Band I Seite 6

wie es deinem Vater geht, geht es ihm gut." Das Jahr 1920 war
das schwierigste Jahr für O-Sensei. Im Januar verstarb sein Vater im Alter von 76 Jahren, sein Sohn Takemori starb dreijährig
im August, und Kunihari, sein jüngster Sohn, starb einjährig im
September. O-Sensei suchte Trost und Rat bei Onisaburo und
war für weitere acht Jahre sein Schüler. Dort machte er viele
spirituelle Übungen, betrieb Landwirtschaft und unterrichtete
die Mitglieder der Sekte in den Kampfkünsten.

Im Jahr 1921 gingen dann die Behörden noch gegen die Sekte
vor und verhafteten einige Anhänger, nicht aber O-Sensei. Im
gleichen Jahr wurde sein Sohn Kisshomaru geboren, der später
das Aikido in der Welt verbreitete. Durch die Schicksalsschlä-
ge veränderte sich die Kampfkunst O-Senseis und die Übungen
enthielten immer mehr spirituellen Charakter, um die Barrie-
re zwischen Seele, Geist und Körper zu durchbrechen. Sein Stil
hieß zu jener Zeit offiziell *Ueshiba-ryu Aiki-Bujutsu* und war
noch deutlich kriegerischer als das heutige Aikido.

Im Jahre 1924 nahm O-Sensei an einer Unternehmung teil, die
das hehre Ziel hatte, auf chinesischem Boden Land zu finden und
dort das gelobte Land mit einer friedlichen Weltregierung aufzubauen. Das Vorhaben misslang gründlich. Viele wurden getötet
und O-Sensei verhaftet und zum Tode verurteilt. Glücklicherweise wurde er kurz vor seiner Exekution begnadigt und kehrte
nach Japan zurück. Dort traf er mit einem Offizier zusammen,
der Kendo-Meister war und schon viel von O-Sensei gehört hatte. Der Kendo-Meister erschien in O-Senseis Dojo und forderte
ihn zum Kampf heraus. Obwohl O-Sensei unbewaffnet war, gelang es dem Kendo-Meister nicht, ihn auch nur mit dem Schwert
zu streifen. Der Grund war, dass O-Sensei seine Intuition und
Wahrnehmung so weit geschärft hatte, dass er schon vor dem

Abbildung 3.2: Ai Ki Do

Schlag wusste, was passieren würde. Kurz darauf hatte er ein Erweckungserlebnis, bei dem ihm die Einheit des Universums mit dem eigenen Selbst klar wurde. Diese tiefgehende Einsicht spiegelt seine Kampfkunst, die seit 1941 *Aikido* heißt, wider. Die drei Schriftzeichen stehen für Ai - Liebe oder Harmonie, Ki - Lebensenergie, Chi und Do - Lehre, Weg und können damit übersetzt werden als „Der Weg der Harmonie mit der Energie des Universums".

Nach den weit mehr als 25 Jahren, die ich Aikido nun selbst studiere, und den fast zwanzig Jahren, in denen ich mehr als 150 Jugendliche angeleitet habe, kann ich mit Sicherheit sagen, dass es sehr schwer ist, das Wesen des Aikido in Worten auszudrücken, geschweige denn kurz in einem Buch darzulegen. Ein Bild bleibt mir aber immer im Sinn: Das wir der Spiegel des Göttlichen sein sollen und uns als Spiegel immer wieder reinigen sollen, damit wir den göttlichen Glanz auch widerspiegeln können.

O-Sensei hat so viel Tiefgründiges in diese Kampfkunst gelegt, bei deren Studium man so unglaublich viel über sich selbst und den anderen lernt, dass ich hier nur die Grundideen wiedergeben kann, wie O-Sensei sie einst aufgeschrieben hat[2]:

---

[2]Übersetzt aus dem Japanischen von John Stevens 2002, von mir übersetzt

1. Die Essenz dieser Friedenskunst ist es, dich selbst von der Bosheit zu befreien, mit deiner Umgebung in einer guten Beziehung zu stehen und deinen Pfad von allen Grenzen und Hindernissen zu befreien.

2. Wenn du noch nicht mit der wahren *Leere* verbunden bist, wirst du diese Friedenskunst nie verstehen.

3. Alle Dinge sind harmonisch miteinander verbunden; dies ist das wirkliche Gesetz der Anziehung, das das Universum beherrscht.

4. Halte deinen Geist so scheinend und klar wie der riesige Himmel, die höchste Erhebung und der tiefste Ozean, frei von allen limitierenden Gedanken.

5. Sobald du dich mit den (Labels) Gut und Schlecht deiner Umgebung beunruhigst, erzeugst du ein Schlupfloch in deinem Herzen, durch das die Bosheit eindringen kann.

6. Fürchte nie einen Herausforderer, egal wie groß (er sein mag, und) verachte nie einen Herausforderer, egal wie gering (er dir erscheinen mag).

7. Wenn dein Gegner dich mit Feuer attackiert, dann antworte mit Wasser (und) werde dabei vollkommen flüssig und fließend, (wie das) Wasser, das aufgrund seiner eigenen Natur nie mit etwas zusammenstößt oder etwas zerbricht. Auf der anderen Seite schluckt es jeden Angriff, ohne selbst Schaden zu nehmen.

---

aus dem Englischen. Zum besseren Verständnis habe ich in Klammern einige zusätzliche Wörter hinzugefügt.

8. Alles im Leben ist ein Kreislauf, endlos und immer wieder-
   kehrend. Das ist der zentrale Punkt dieser Friedenskunst.
   Sie ist eine nahtlose, unerschöpfliche Sphäre, die alle Dinge
   umgibt.

9. Wenn eure Blicke sich treffen, dann grüße ihn oder sie
   mit einem freundlichen Lächeln, so wird auch die andere
   Person zurücklächeln. Dies ist eine der Kerntechniken der
   Friedenskunst.

10. Ein wahrer Krieger ist immer bewaffnet mit drei Dingen:
    - dem leuchtenden Schwert der Befriedung,
    - dem Spiegel der Tapferkeit, Weisheit und Freundschaft
    - und dem wertvollen Juwel der Erleuchtung.

O-Sensei selbst habe ich niemals real getroffen, wohl aber
durfte ich im Jahre 2016 mit seinem Enkel Moriteru Ueshiba
trainieren, der der heutige *Doshu* ist, der Bewahrer der Lehre. Es
ist eine Kampfkunst ohne Aggression und Gewalt, die man immer fröhlich und mit höchster Aufmerksamkeit trainieren sollte. Und laut den großen Lehrmeistern des Budo sollte man so
kämpfen, als sei man schon tot, d.h. befreit von aller Angst, mit
einem ruhigen Geist ohne Ego. Dieser Geist O-Senseis lebt in
uns nun weiter und manchmal, wenn ich meine Schüler lehre,
fühlt es sich so an, als würde mich eine innere Stimme anleiten,
was ich heute zeigen soll. Plötzlich erinnere ich mich wieder an
Bewegungen, die ich schon lange nicht mehr gemacht habe und
erhalte durch das Lehren immer tiefere Einblicke in die Geheim-
nisse des Aikido.
Diese Prinzipien und Techniken werden deshalb nur von einem
Meister zu seinen Schülern weitergegeben. Früher mussten die
Novizen erst einmal wochenlang das Dojo fegen und im Haushalt des Meisters arbeiten, damit dieser ihren Charakter und

ihre Einstellung studieren und somit entscheiden konnte, ob sie würdig sind, die Techniken zu erlernen. O-Sensei wies uns an, Aikido niemals zu unterrichten, um sich damit zu bereichern oder um andere zu unterdrücken. Diesen Grundsatz befolge ich bis heute, sehe aber, dass es dennoch einige Aikidoka gibt, die durchaus aus kommerziellem Interesse lehren, wovor ich warne. Der Beitrag sollte nur die Unkosten und den Lebensunterhalt des Lehrers decken, falls er dies hauptberuflich betreibt. Die meisten Aikidolehrer, die ich kenne, verdienen ihren Lebensunterhalt mit einem anderen Beruf oder sind generell nicht daran interessiert, reich zu werden. Wenn du diese Kunst lernen willst, so nimm dir Zeit und suche gut aus, bei wem es sein wird. Schaue, ob du die hier beschriebenen Prinzipien im Training wiedererkennst und schau, dass der Lehrer es nicht fürs Geld macht. Man kann in jedem Dojo ein paar Probetrainings absolvieren, um festzustellen, ob man sich dort zu Hause fühlt.

In der Islamischen Zeitung [10] vom Juli 2020 ist ein sehr interessantes Interview mit einem Aikido-Meister namens Imanul Hakim aus Indonesien abgedruckt. Indonesien ist das größte islamische Land und hier treffen der Buddhismus und der Islam aufeinander. Er sieht in Aikido, das aus der buddhistischen Welt hervorgegangen ist, nicht nur keinen Widerspruch zum Islam, sondern gibt zu, dass er erst durch Aikido den Islam richtig verstanden hat, so wie es mir damals als Christ mit den Yoga-Lehrbriefen ging, um die es gleich gehen wird.

> „Das Herz ist das tiefgreifendste Element, um Aikido
> zu erfassen. Die wahre Kraft kommt vom Herzen!"
> „Die gesamte Schöpfung kommt aus einer einzigen
> Quelle!" - *O Sensei*

3.6 Der Weg des Yoga

Das Wort Yoga bedeutet Vereinigung. Eine Zeit im Ashram eines Yoga-Meisters zu leben ist mit Sicherheit noch intensiver als nur die Kampfkunst eines Meisters zu erlernen. Darum war es, nachdem ich die Autobiografie eines Yogi in Rio fertig gelesen hatte[3], mein Wunsch mindestens eine Woche in einem Ashram zu verbringen. Schon im ersten Teil habe ich von den Yogameistern geschrieben, die mein Leben beeinflusst haben. Mittlerweile sind es schon drei große Meister, mit deren Botschaften ich mich intensiv beschäftigt habe:

- Sadhguru[4] **Paramahamsa Yoganada**, der 1893 in Uttar Pradesh/Indien geboren wurde und dort seinen Meister Sri Yukteswarji fand und dann von ihm nach Amerika entsandt wurde, wo er 32 Jahre wirkte und die Self-Realization-Fellowship gründete, deren Lehrbriefe und Meditationstechniken ich lange Zeit studierte. Sein Meister schickte ihn in die USA, um dort den Weg des Yoga zu lehren und zu zeigen, dass das ursprüngliche Yoga und die ursprüngliche Lehre Jesu ein und dasselbe sind. Dies legt er in seiner Autobiographie [1], seinen Lehrbriefen, besonders aber in den beiden Bänden seines literarischen Lebenswerks *Die Auferstehung Christis in dir* [39] dar. Er hat zwei Weltkriege und die Auseinandersetzungen um die Unabhängigkeit Indiens erlebt, bis er schließlich am 7. März 1952 friedlich seinen Körper verließ.

- Sadhguru **Sri Sri Ravi Shankar**, der 1956 in Tamil Nadu/Indien geboren wurde, schon als Kind die Bhagavad

---

[3]siehe Band I Kapitel 1.7
[4]Das Wort bedeutet „Weisheitslehrer" oder „wahrer Meister".

Gita rezitierte und nach seinem Studium zusammen mit Maharishi Mahesh Yogi Transzendentale Meditation lehrte. Während seines zehntägigen Rückzugs, wo er nur schwieg und meditierte, erhielt er die Sudarshan Kriya, eine kraftvolle Atemtechnik, die seine Organisation, die *Art-of-Living-Foundation*, seither weltweit lehrt. Er ist wohlauf und besucht jährlich viele Länder. Ich bin ihm mehrmals persönlich begegnet, habe die Sudarshan-Kriya gelernt und zwei Schweige-Retreats besucht, eines in Buenos Aires und das andere in seinem indischen Ashram in Bangalore.

- **Sadhguru Yaggi Vasudev**, der 1957 in Karnataka/Indien geboren wurde und zuerst ein wildes Leben führte und später eine Familie gründete, bis er sich 1982 auf einen Hügel zurückzog und dort mehrere Tage in Meditation versank. Danach wurde er zu einem spirituellen Lehrer und gründete 1992 die *Isha-Foundation*, die weltweit Menschen spirituelle Techniken lehrt. Sadhguru hält nicht viel von verkrustetem traditionellen Denken und versucht die Menschen immer wieder aus ihren gedanklichen Sackgassen herauszuholen. Bis heute fährt er gerne Motorrad, reist viel, hält Reden und gibt viele Interviews z.B. an Universitäten und auf dem Weltwirtschaftsforum in Davos. Ich kenne ihn leider nicht persönlich, sondern nur anhand seiner in YouTube veröffentlichten Videos.

Für jeden Yoga-Schüler ist es etwas ganz Besonderes, den Ashram des Meisters zu besuchen und zu einem Mitglied seiner Community zu werden. Als Muslim konnte ich zwar den Verehrungskult nie verstehen, der um den Meister entstand, aber ich dachte mir, dass es bei Jesus[as] wohl ähnlich gewesen sein musste. Genauer betrachtet hat Guruji[5], so nennt man in Indien die Meister, bereits in jungen Jahren ein christusähnliches Wesen erreicht und vollbringt durch seine Organisation tagtäglich Werke des Mitgefühls und der Nächstenliebe, wo immer etwas gebraucht wird. Selbst in Deutschland halfen Tausende von Freiwilligen bei der Flutkatastrophe in Ostdeutschland im Jahre 2002. Ansonsten gibt es natürlich viele Länder, die die Hilfe nötiger haben, wie z.B. Indien, Pakistan und Bangladesch. Guruji selbst tritt aber tagtäglich in die Öffentlichkeit als Berater, Lehrer und Projektmanager oder 2013 in Indien als Kritiker des Gesetzes gegen homosexuelle Handlungen und 2015 in Kolumbien als Mediator zwischen den Fark-Rebellen und der Regierung. Gurujis Wirken ist im Kleinen wie im Großen absolut inspirierend. Er ist hundert Prozent authentisch, selbst wenn er einmal wütend ist, dass etwas völlig schief läuft, wobei Letzteres extrem selten vorkommt. Ich möchte meiner damaligen Direktorin danken, dass sie meine Ausbildung als Meditationslehrer unterstützt hat, so dass ich im Jahre 2015 über die Karnevalstage zu meinem zweiten Schweigekurs nach Indien fliegen konnte. Über diese wertvollen Erfahrungen möchte ich hier nun berichten:

Bevor wie in vielen deutschen Städten am Rhein die Fastnachtstage so richtig losgingen, packte ich meine Koffer für die Tage im Ashram. Nur was sollte da rein? Irgendwie konnte man sich da nicht so richtig vorbereiten. Mir lagen noch Yoganandajis Erzählungen im Ohr, der ohne einen Cent in der Tasche loszog, um nach Brindaban zu fahren, nur um zu zeigen, dass das Göttliche schon für alles sorgt und alles, was geschehen soll, auch geschehen wird. Ganz so mutig war ich nicht. Also dankte ich meiner Frau, dass sie mich für die acht Tage freigestellt

---

[5] Auf Deutsch etwa „vereehrter Meister".

hatte, packte meinen Wanderrucksack mit ein paar Sandalen, kurzen Sachen, einer Djellaba, einer Yogamatte und noch ein paar Kleinigkeiten und lief zu Fuß zum Bahnhof. Ich fand dieses Gefühl faszinierend, nun auf Wanderschaft zu sein, in diesen Zug zu steigen, dann in das Flugzeug und wenn alles mit dem Visum klar gehen sollte, bald indischen Boden zu betreten.

Es gab nur eine größere Verzögerung nach meiner Ankunft in Delhi, was mich dazu bewog, meinen Rucksack im Flughafen zu verstauen und dann einen Taxifahrer anzuheuern, der mit mir einen kleinen Ausflug zu einer Sehenswürdigkeit machen sollte. Er war froh, einen Kunden zu haben und raste alsbald mit mir los, was mir im dichten Linksverkehr Indiens doch etwas Angst machte. An der ersten Mauer hielt er an, um sich auf offener Straße zu erleichtern. Als ich ein vorwurfsvolles Gesicht machte und ihn fragte: „You don't have public toilets in India?" entgegnete er nur, dass die Taxifahrer keine Zeit für so etwas hätten und lieber gegen Mauern und Zäune pinkeln würden. Immerhin ging er sich bei der Ankunft am berühmten indischen Tor die Hände waschen. Es lag ein Smog über der Millionenstadt, so dass man kein weiteres Gebäude sah.

Anschließend fuhr er mich in den Laden eines Verwandten, wo ich nach einem Kaschmirschal für meine Frau Ausschau hielt. Die Jungs dort waren eigentlich ganz nett, machten mir aber natürlich Touristenpreise. Dann ging es wieder durch den immer dichter werdenden Verkehr Delhis. Leider hatte ich keine Zeit weitere Gebäude zu sehen, was ich heute sehr schade finde. Nachdem wir pünktlich am Flughafen angekommen waren und ich meinen Fahrer bezahlt hatte, aß ich etwas und freute mich darauf, dass ich noch im Hellen weiterfliegen würde und dann auch noch Bangalore sehen könnte. Aber die Anzeigetafeln zeigten plötzlich eine Verspätung meines Anschlussfluges um drei Stunden. Ich hätte also doch durchaus die Stadt noch genauer erkunden können. Aber nachher ist man immer schlauer!

Das erste indische Essen habe ich erstaunlich gut vertragen. Es war recht scharf, aber lecker und für einen Laden am Flughafen auch nicht teuer. Nun war ich schon seit mehreren Stunden erneut in der Luft. Ich dachte mir, dass Indien wohl recht groß sein müsse. Wir landeten im Dunkeln, was mir ein bisschen Angst machte, so dass ich betete. Als ich meinen Rucksack wieder hatte und den Flughafen verließ, bemerkte ich den tropisch modrigen Geruch, der jedoch anders als in Brasilien war. Ich wollte zum Taxistand gehen, ließ mich dann aber von meiner Intuition leiten.

Ein Taxifahrer stand am Straßenrand und schaute mich plötzlich an. „Tell me, man, what is your destiny?", sagte er mit einem stark südindischen Akzent. Ich antwortete: „The Ashram of Sri Sri Ravi Shankarji. He is a Guru! Do you know this place?" Er lächelte und erwiderte: „Yes, my friend! For sure! Come here, this is my car! You can trust me." Ich hatte ja ohnehin keine andere Wahl, denn in der Dunkelheit wollte ich hier nicht stehen bleiben. Also legte ich meinen Rucksack in den Kofferraum und wir fuhren los. Ich hatte ein echtes Deja-Vú und dachte wieder an die wilde Fahrt in Brasilien im Bundesstaat Espirítú-Santo, nur dass der Fahrer jetzt noch Jagd auf einige streunende Hunde machte, die er durch laute Beschimpfungen oder Hupen zur Seite drängte oder er hielt einfach voll drauf zu. Wir fuhren durch üble Industrieviertel und riesige Baustellen und die Gegend wurde immer ärmlicher. Aber er beruhigte mich damit, dass er WhatsApp habe und bei Pannen jeder Zeit Hilfe anfordern könne. Außerdem werde sein GPS-Signal vom Chef getrackt, damit er auch immer die kürzeste Strecke fahre. Ich war sehr beruhigt, als wir um 2:00 Uhr nachts tatsächlich den Eingang des Ashrams erreichten und ich dort noch jemanden an der Pforte vorfand. Ich dankte dem Fahrer, entlohnte ihn und vereinbarte, ihn für die Rückreise wieder zu rufen. Zum ersten Mal wusste ich den Nachrichtendienst WhatsApp zu schätzen, dem ich sonst sehr kritisch gegenüberstand.

Ich betrat die Anmeldungshalle des Ashram und wurde sehr freundlich begrüßt. Eine handvoll Leute war ebenfalls gerade mit dem Bus eingetroffen. In der Wartehalle hing ein großes freundliches Bild von Guruji, vor dem ich ein Selfie machte und nach Hause zu meiner Familie schickte, die wohl bald frühstücken würde. Ich wurde angewiesen, in das Übernachtungsquartier 13 zu gehen und morgen um 5:00 Uhr nüchtern zum Yoga in der großen Halle zu erscheinen. Noch drei Stunden Schlaf also, alles klar! Ich trottete also über die spärlich beleuchteten Wege, vorbei an tropischen Pflanzen und einem riesigen Amphitheater, bis ich die Unterkunft erreichte. Über die Außentreppe ging ich nach oben zu dem Zimmer, in dem ich schlafen sollte, aber die Tür war zu. Ich klopfte mehrmals und wartete, es öffnete keiner. Als ich schon die Yogamatte ausgepackt hatte und auf dem Balkon des Gebäudes schlafen wollte, öffnete sich die Tür des Nachbarzimmers und heraus kam eine hübsche junge Spanierin, die murmelte, dass die Jungs schon schlafen. Immerhin kannte sie aber einen Trick, wie man die Tür öffnen konnte. Ich fand tatsächlich noch ein leeres Bett vor, wo ich meinen Rucksack endlich ablegte. Aus Dankbarkeit umarmte ich die Dame, bevor sie ging und legte mich zu den drei anderen Jungs schlafen. Erst jetzt wich der ganze Stress und mir wurde bewusst: Ich war in Indien!

Auch wenn die zwei Stunden Yoga vor dem Frühstück für mich hart waren, ich hatte einen sehr netten Mitbewohner aus Madagaskar und zwei Inder, die derzeit auf den Sportstätten in Katar arbeiteten, kennengelernt. Wir verließen gerade den großen Prachttempel und gingen in die Mensa, wo wir unser Frühstück erhielten. Es schmeckte außerordentlich lecker. Man unterhielt sich auf Englisch. Das Wetter war warm und schwül und hätte ich nicht gewusst, dass Februar war, so hätte ich gesagt, wir sind im Juli.

Doch ich war nicht nur fasziniert vom warmen Wetter und den bunten Schmetterlingen, sondern auch von den Damen in ihren bunten Saris, die um uns herumhuschten. Allerdings war ich ja nicht da, um eine Dame anzusprechen, was sich hier auch nicht gehörte. So ging ich mit meinem neuen Kumpel Kushdeo zu einer Yoga-Halle im Wald, wo schon eine Stunde später unser Kurs begann, dessen Inhalt ich ja schon kannte. Es ging zunächst ums Kennenlernen, dann machten wir Übungen zur Selbstreflexion, dann zur Wahrnehmung und danach Yoga-Praktiken. Dazwischen war das Mittagessen, wo ich mich witzigerweise, ohne nachzudenken, zu den Indern auf den Boden setzte, bis ein Organisator zu mir kam und meinte, dass ich als internationaler Gast doch sicher lieber an einem Tisch sitzen solle. Er teilte mich auch gleich zum Küchendienst ein, wo ich ab morgen erscheinen sollte. Nach den Yoga-Übungen am Nachmittag begann, wie auch beim Kurs in Buenos Aires, das Schweigen. Nach einem letzten Bhajan, einem Lobgesang, erklärte man uns, dass wir ab jetzt während des ganzen Tages nicht kommunizieren dürfen, auch keine WhatsApps schreiben - eine sehr schwere Regel, die einige schon nach 10 Minuten gebrochen hatten. Lediglich Abends erklangen für eine Stunde unsere Stimmen zum Bhajansingen.

Dieses Mal fiel es mir gar nicht so schwer, die Klappe zu halten. Ich genoss die Stille sogar. Immerhin hatte ich schon alle auf meinem Zimmer kennengelernt und befunden, dass man ihnen vertrauen konnte. So sahen wir uns oft nur an oder zeigten uns Dinge, die wir mitgebracht hatten. Die Wahrnehmung verschob sich so von Tag zu Tag auf die emotionale Ebene, dann weiter auf die intuitive Ebene, die ich das *Flüstern der Weltseele* bezeichnen will. Jedes Ding fing allmählich an, sich dir mitzuteilen. Es war eine sehr tiefe Wahrnehmung, die ich schon lange nicht mehr gespürt hatte, vielleicht zum letzten Mal beim Spielen am Bach mit meiner Schulfreundin Uta. Von Tag zu Tag gewöhnte ich mich auch an die Yoga-Übungen. Allerdings hatte ich einmal einen stillen Wutausbruch beim Dienst in der Küche, als sich ein anderer Gast so dumm anstellte, dass er den Joghurtbeutel seitlich mit dem Messer aufschnitt, sodass sich die halbe Packung über mich ergoss. Ich hätte ihn gerne angeschrien, aber ich durfte ja nicht. Also trat ich nur gegen sein Bein und sah ihn böse an. Das war wahrscheinlich nicht in Gurujis Sinne, aber er betont immer, dass wir ja Menschen sind und es normal ist, ein breites Spektrum an Emotionen zu haben.

Zu den besonderen Momenten im Ashram gehörten zum einen die allabendlichen Satsangs im Amphitheater unter freiem Himmel, zu denen der Meister immer erschien[6]. Man sang gemeinsam, meditierte, stellte Fragen, die einem gerade auf der Seele brannten, lachte über seine verblüffenden Antworten, sang erneut und ging dann schlafen. Das Singen machte richtig Freude, weil man endlich mal wieder die eigene Stimme hören konnte. Auch während des Kurses gab es einige sehr spezielle Übungen, die Guruji entworfen hatte, um sich selbst besser kennenzuler-

---

[6]Ein Bild hiervon befindet ich auf dem Rücken des Einbands von Band I.

nen und die ganze innere Unruhe zum Schweigen zu bringen. Am Ende war es tatsächlich so, dass man einem anderen Menschen schweigend in die Augen blickte und das Gefühl hatte, ganz tief mit ihm verbunden zu sein. Man fühlte, was er oder sie fühlte.

Yoga bedeutet ja letztendlich eins zu werden mit dem großen Ganzen und sich selbst als eins mit der ganzen Schöpfung zu erfahren. Yoganandaji hatte in seinen Lehrbriefen auch schon immer von der Wissenschaft der *Selbst-Verwirklichung* gesprochen und einen eigenen Yoga-Weg gelehrt, *Kriya-Yoga*. Wer diesen Pfad gehen will, dem sei dringend geraten, sich von einem Meister anleiten zu lassen. Einen ersten Eindruck kann das Buch von Roy Eugene Davis [40] verschaffen, das sehr eng an Yoganandajis Lehren angelehnt ist. Wie ich schon in Band I geschrieben habe, war es vor gut zehn Jahren mein sehnlichster Wunsch einem noch lebenden Yogameister zu begegnen. So kam ich zu Sri Sri, der mit seiner Organisation schon seit ein paar Jahrzehnten Kurse anbietet. Er hat auch unzählige Bücher verfasst, die sehr zu empfehlen sind, aber die Übungen lernt man besser von einem ausgebildeten Lehrer, auch wenn es mit Kosten verbunden ist.

Zwei weitere ganz besondere Momente waren die direkten Begegnungen mit Guruji, bei der ich mich einfach nur wie ein kleines Kind fühlte und keinen sinnvollen Satz mehr herausbekam. Wenn man in seine dunklen Augen blickt und ihm die Hand gibt oder er seine Hand segnend auf deine Stirn legt, dann fühlt man nur einen tiefen inneren Frieden und eine Stille, vielleicht ist es auch die große Leere, von der O Sensei immer sprach.

Mein letztes Highlight am Abend der Abreise war die große *Shivaratri-Zeremonie*, bei der sich das große Amphitheater am See mit tausenden von Menschen aus dem Ashram und aus den umliegenden Dörfern füllte. Auch hier wurde gesungen, gemeinsam meditiert, dann führte Guruji eine lange Zeremonie durch und am Ende wurde wieder gesungen, getanzt und gefeiert. Die Stimmung war ausgelassen und Kushdeo und ich trafen viele interessante Leute, auch junge hübsche Damen, die Kushdeos Herz höher schlagen ließen. Bei einer Gruppe von Mädels erkannte ich sofort, dass sie Argentinierinnen waren. Ich fand es bemerkenswert, dass sie so weit angereist waren, um hierher zu kommen. Es gab viele Umarmungen und Küsschen, dann ging ich noch ein paar kleine Geschenke kaufen, meine Tasche packen und noch ein paar Stunden schlafen. Mein Taxi war pünktlich nachts um 3:00 Uhr an der Pforte des Ashrams und ich trat glücklich und ohne Zwischenfälle die Heimreise an. Ich fasste den Entschluss wieder regelmäßig morgens zu meditieren, denn Guruji sagt immer, dass es wie Zähneputzen ist, nur eben für den Geist. Die regelmäßige Praxis ist sehr wichtig und das Yoga wirkt auch, wenn man nicht daran glaubt. Beim Überflug über Russland denke ich an den Abschuss der Zivilmaschine während des Ukrainekriegs, fühle mich aber dennoch sicher.

Ich würde jedes Mal wieder diesen Yoga-Kurs in Indien machen. Ich fand es überhaupt nicht so esoterisch wie erwartet, bis auf Erfahrungen wie „Es atmet mich!", welche ein Nichtmeditierender natürlich nicht nachempfinden kann. Keine Angst - so esoterisch wird es für die Anfänger nicht! Wer ein solches Retreat gerne mal besuchen will, kann sich auf den Webseiten der Organisationen ([1], [2] oder [3]) der genannten Yogameister informieren. Es ist ein langer und spannender Weg und ich bin mir sicher, ihr werdet es nicht bereuen!

3.7 Der Weg des Islams

Islam bedeutet Hingabe an das eine Göttliche und ist somit von der Grundidee das Gleiche wie auch das Yoga. Wie ich schon am Ende von Band I erzählte, gibt es gerade an Ramadan in den Mittelstufenklassen viele Diskussionen, was das Fasten angeht, warum Muslime das machen und ob das nicht ungesund oder gar bescheuert sei. Dann liegt die Physik immer für ein paar Minuten brach und statt eines weisen Spruchs am Anfang der Stunde sprechen wir über diese Fragen. Die Jugendlichen sind immer verwundert, wenn ich ihnen sage, dass die Christen mit 40 Tagen deutlich länger fasten als die Muslime mit 28 Tagen. Der Islam ist also auch hier eine Erleichterung gewesen. Heute lassen viele Menschen das Fasten ganz weg und tun ihrem Körper damit gar nichts Gutes. Viele Zivilisationskrankheiten wie Übergewicht, Diabetes und ein schwaches Immunsystem sind darauf zurückzuführen, dass der Körper permanent mit Nahrungverwertung beschäftigt ist und weder Energie noch Zeit zur Regeneration und Entgiftung hat. Viele Ärzte empfehlen heute das *8-16-Fasten*, also 8 Stunden Essen und 16 Stunden Fasten, wobei man während des Fastens schon mal einen Schluck Wasser trinken kann. Es ist sicherlich leichter als, wie im Ramadan, den Stoffwechsel komplett umzustellen und den ganzen Tag weder zu essen noch zu trinken und dann am Abend und am frühen Morgen den Körper mit dem Nötigsten zu versorgen. Hinzu kommt, dass die meisten Menschen in den Industrieländern zu viel Fett und Zucker zu sich nehmen und ihrem Körper dadurch massiven Schaden zufügen. Der häufige Verzehr von Fleisch, insbesondere Schweinefleisch, welches viel intrazelluläre Fette enthält und damit auch viele fettlösliche Giftstoffe, bedroht nach der Aussage vieler Gelehrter (Muslime, Yogis und buddhistische Mönche) zusätzlich unsere Gesundheit. Ökologisch gesehen ist diese Gewohnheit außerdem für einen hohen Kohlendioxidausstoß und Wasserverbrauch verantwortlich. Eine richtige Ernährung ist also nicht nur ein religiöses Dogma, sondern auch absolut im eigenen Interesse. Hierzu sollten die Kinder in der Schule meiner Meinung nach deutlich mehr lernen!

Der Islam versteht sich als monotheistische Religion[7], die eng mit dem Christentum und dem Judentum verbunden ist. So werden Reinheitsvorschriften, die durch Paulus verloren gegangen waren, wieder neu eingeführt. Die Waschungen vor dem Gebet und die Essensvorschriften sind Beispiele dafür. Allerdings sind die muslimischen Regeln weniger restriktiv als im Judentum und aus medizinischer Sicht nachvollziehbarer. Abraham wird in allen drei Religionen als der Urvater des Monotheismus gelobt, weshalb ich den Namen Brahim ja wählte und mich ebenfalls als Hanif verstehe. Der Islam ist laut dem Quran der unverfälschte monotheistische Glaube, den alle heiligen Bücher und die vorausgegangenen Propheten der jüdisch-christlichen Tradition verkündet haben. An der Bibel kritisiert der Koran allerdings, dass sie von Menschenhand verändert und verfälscht wurde. So wird der Bibel vorgeworfen, dass durch das Konzil von Nicäa eine Auswahl der Bücher vorgenommen wurde und die gnostischen Apokryphen wie etwa das Thomas- und das Petrus-Evangelium aus der Bibel ausgeschlossen wurden. Außerdem kritisiert der Quran ganz klar die Christologie, also die Gleichsetzung Christi mit Gott, charakterisiert Jesus[as] aber gleichzeitig als Gesandten Gottes und als frei von Sünde.

---

[7]siehe Band I Kapitel 3.2

Wie ich im Anhang von Band I schon geschrieben habe, ist für mich als spiritueller Muslim, *ein Sohn oder eine Tochter Gottes* genau das, ein *erleuchteter und von der Sünde gereinigter Mensch.* In den asiatischen Traditionen wird ein solcher Meister als *Sadhguru* bezeichnet, also ein wahrhaftiger Meister, der durch das Erkennen seines inneren Selbst das Göttliche als allem innewohnend erkannt hat und von ihm ungehindert durchströmt wird. Wenn die indischen Gurus von Self-Realization sprechen, meinen sie genau dies. Es gibt in jeder Kultur unterschiedliche Worte, um einen solchen Meister zu bezeichnen: Paramahamsa, Buddha oder Christus. Aber ohne die konkrete Erfahrung sind dies nur leere Worte! Ich habe versucht, den ersten Band so zu schreiben, dass der letzte Abschnitt genau auf dieses das „*Göttliche in sich selbst erkennen*" hindeutet.

Die Christen glauben also daran, dass Jesus[as] ein Christus war. Auch ich glaube daran, dass Jesus als Gesandter Gottes die höchste Stufe der menschlichen Entwicklung, also die des Christus, erreicht hatte und sein Wille daher eins war mit dem Göttlichen. Der Quran betont allerdings, dass Jesus nicht auf eine Stufe mit dem Göttlichen zu stellen ist. Warum man sich da über philosophische Feinheiten streiten muss, die aus naturwissenschaftlicher Sicht ohnehin nicht verifizierbar sind, verstehe ich nicht. Ist es nicht wichtiger, diesen Weg der spirituellen Suche auch wirklich zu gehen, als stehenzubleiben und sich darüber zu streiten, welchen Weg man am besten nehmen soll?

Eine genauere Darstellung der Unterschiede und Gemeinsamkeiten des Christentums und des Islams findet man im dem wunderbaren Buch von Anselm Grün und Ahmad Milad Karimi [41]. Beide Herren schätze ich sehr. Pater Grün ist ein sehr bekannter deutscher Benidiktinermönch, der viele spirituelle Bücher verfasst hat. Prof. Karimi stammt aus Afghanistan, kam als Flüchtling nach Deutschland, ist ein absolutes Multitalent und ist heute Professor für islamische Philosophie an der Universität Münster. Er hat den Quran in einer neuen Art übersetzt, so dass er in der deutschen Sprache verständlicher wird und auch in Versform rezitiert werden kann [42].

Karimi äußert in der Einleitung des Buches deutliche Kritik an einer starren Haltung innerhalb des Islams, wie sie der wahabitische Islam der Saudis zeigt:

> „Ist Saudi-Arabien ein islamisches Land?
> Man halte sich die Zustände dort vor Augen!
> Unsere ganzen heiligen Stätten sind gekapert von
> Sekten, die unsere Religion wirklich pervertieren:
> Frauen haben kaum Rechte, Menschenrechte zählen
> nicht, Andersgläubige sind rechtlos, mit dem Islam
> wird ein Geschäft gemacht (im Sinne des
> kommerziellen Tourismus), die Kaaba sieht aus wie
> ein Klein-Manhattan, wo der schlechte Geschmack
> herrscht."

Wie ich es im ersten Band dieses Buches schon klar formuliert habe, teile ich diese Haltung und fordere sogar einen *Euroislam*, der auf den Menschenrechten und den in Europa errungenen Verbesserungen im Umweltschutz, Tierwohl, in der Gleichberechtigung und dem sozialen Netz basiert und ein starkes Gegengewicht zu den fundamentalistischen Tendenzen innerhalb des Islams ist. Dieses Gleichgewicht findet man beispielsweise auch in Malaysia und Indonesien, dem bevölkerungsreichsten muslimischen Land der Erde. Der wahabitische Islam gehört definitiv nicht zu Deutschland und Europa und wird es auch nie, denn er ist nicht kompatibel mit unseren Werten. Aber wir können den Gegenpol bilden und mit all den muslimischen Flüchtlingen, die in unserer offenen Gesellschaft leben, haben wir eine große Chance, ein echter und starker Gegenpol zu werden. Viele Flüchtlinge aus Syrien und anderen Ländern, mit denen ich gesprochen habe, waren erstaunt über das Land der Ungläubigen, wie man sie es gelehrt hatte. Sie sagten mir offen, dass die Menschen in der Gesellschaft hier, abgesehen vom Gebet, viel mehr nach islamischen Normen handelten als in ihren Heimatländern. Der Prophet selbst hat laut Karimis Ausführungen die Vielfalt innerhalb des Islams immer wertgeschätzt und nur Gott entscheidet, wer den rechten Glauben und die rechte Lebensführung hat. Von den Fundamentalisten wird Sure 2 Vers 78-79 als eine deutliche Warnung gelesen, den Islam nicht zu verändern:

> 78 Unter ihnen gibt es auch Schriftunkundige, die
> die Schrift nicht kennen, sondern nur
> Wunschvorstellungen hegen und die doch nur
> Mutmaßungen anstellen.

> 79 Doch wehe denjenigen, die die Schrift mit ihren
> eigenen Händen schreiben und hierauf sagen: „Das
> ist von Allah", um sie für einen geringen Preis zu
> verkaufen! Wehe ihnen wegen dessen, was ihre
> Hände geschrieben haben, und wehe ihnen wegen
> dessen, was sie verdienen.

Die Frage ist nur: „Was genau ist der Islam?" Auch das habe ich im ersten Band versucht zu beantworten: Es ist nicht die Summe der Regeln und Traditionen der verschiedenen Länder, sondern vielmehr die Essenz der Offenbarung des Quran und des Beispiels des Propheten^{saw} , was jedem einzelnen den Weg zu Hingabe an das Göttliche weist. So wird dies auch in dem Film *Risala - Die Botschaft* aus dem Jahre 1976 dargestellt, für dessen Inhalt die Al-Azhar-Universität in Kairo verantwortlich zeichnet. Ich sehe diesen Vers als eine Warnung, die wahrhaftige Lehre nicht zu verfälschen und zu trivialisieren, wohl aber eine neue Form zu finden, zu der die Menschen der heutigen Zeit wieder einen besseren Zugang haben und auch eine Interpretation zu finden, die Raum für ein friedliches Zusammenleben und eine gegenseitige Wertschätzung lässt, so wie sie im oben zitierten Buch zum Ausdruck kommt.

Der Islam ist und bleibt eine große Quelle der Weisheit und Spiritualität, aber auch der strikten Regeln. Er versteht sich nicht nur als Religion in dem Sinne, wie wir das Wort heute verwenden, sondern ebenfalls als eine Gesellschaftsnorm. Auch deswegen muss es hier im Westen eine andere Form als in den arabischen Ländern geben. Allein mit dem rationalen Geist ist der Islam nicht fassbar und am meisten spricht mich persönlich die islamische Mystik an, in der man ganz klar erkennt, dass alle mystischen Wege zum einen Göttlichen führen. Würde die Mystik von der Mehrheit der Muslime mehr in den Fokus gerückt werden, dann kämen sich die Menschen in dieser Welt sehr viel näher. Aber vielleicht geschieht das ja irgendwann durch die Bedrohung aufgrund des Klimawandels oder durch eine andere globale Bedrohung.

Abschließend möchte ich mit der Abschiedspredigt des Propheten Mohammed, Gott segne ihn und schenke ihm Heil, die er während der Hadsch im Jahre 632 n. Chr. in Mekka hielt [43]:

O ihr Menschen, leiht mir ein aufmerksames Ohr, denn ich weiß nicht, ob ich nach diesem Jahr wieder unter euch sein werde. Deshalb hört dem, was ich euch sagen werde, bedachtsam zu und berichtet diese Worte jenen, die heute nicht hier anwesend sind.

O ihr Menschen, genau wie ihr diesen Monat, diesen Tag, diese Stadt als heilig betrachtet, so betrachtet auch das Leben und den Besitz eines jeden Muslims als ein heiliges, anvertrautes Gut. Gebt die Güter, die euch anvertraut wurden, ihren rechtmäßigen Eigentümern zurück. Schadet niemandem, damit euch niemand Schaden zufügen möge. Haltet euch stets vor Augen, dass ihr eurem Herrn begegnen werdet und dass Er gewiss eure Taten berechnen wird. Gott hat euch verboten, dass ihr Zinsen nehmt, daher sollen jegliche Verpflichtungen aus Zinsgeschäften nunmehr erlassen werden. Euer Kapital steht euch allerdings zu. Ihr sollt weder Ungerechtigkeit zufügen noch erleiden. Gott hat entschieden, dass es keine Wuchergeschäfte geben soll und somit sollen alle Zinsen, die Abbas ibn Abd'al Muttalib zustehen, erlassen seien.

Nehmt euch vor dem Satan in acht - für die Sicherheit eurer Religion. Er hat alle Hoffnung aufgegeben, dass er jemals in der Lage sein wird, euch in großen

Dingen irrezuführen, also hütet euch davor, ihn in Kleinigkeiten zu folgen.

O ihr Menschen, es ist wahr, dass ihr bestimmte Rechte in Bezug auf eure Frauen besitzt, aber sie besitzen auch Rechte an euch. Bedenkt doch, dass ihr sie von Gott als Anvertrautes und mit Seiner Erlaubnis genommen habt. Wenn sie bei euch bleiben und euch euer Recht gewähren, dann ist es ihr Recht, dass ihr sie in Güte versorgt und bekleidet. Behandelt eure Frauen gut und seid liebenswürdig zu ihnen, denn sie sind eure Partner und an euch gebunden. Und es steht euch zu, dass sie sich mit niemandem befreunden, den ihr nicht billigt und dass sie sich nicht unzüchtig verhalten.

O ihr Menschen, hört mir ernsthaft zu, betet Gott an, verrichtet eure fünf täglichen Gebete, fastet im Monat Ramadan und spendet Zakat aus eurem Vermögen. Verrichtet Hadsch, wenn ihr dazu die Mittel besitzt.

Die gesamte Menschheit stammt von Adam und Eva. Ein Araber hat weder einen Vorrang vor einem Nicht-Araber, noch hat ein Nicht-Araber einen Vorrang vor einem Araber; Weiß hat keinen Vorrang vor Schwarz, noch hat Schwarz irgendeinen Vorrang vor Weiß; [niemand ist einem anderen überlegen] außer in der Gottesfurcht und in guter Tat. Lernt, dass jeder Muslim der Bruder eines jeden Muslims ist und dass die Muslime eine Bruderschaft darstellen. Nichts soll einem Muslim erlaubt sein, das einem muslimischen Bruder gehört, es sei denn, er gibt es ihm aus freiem Willen. Deshalb tut einander kein Unrecht an.

Bedenkt, eines Tages werdet ihr vor Gott erscheinen und nach euren Taten befragt werden. Also hütet euch, verlasst den Weg der Rechtschaffenheit nicht, wenn ich von euch gegangen bin.

O ihr Menschen, nach mir wird kein Prophet oder Gesandter mehr kommen, und es wird kein neuer Glaube mehr geboren werden. Überlegt daher vernünftig, o ihr Menschen, und versteht die Worte richtig, die ich euch mitteile. Ich werde nach mir zwei Dinge hinterlassen: den Quran und mein Beispiel, die Sunnah, und wenn ihr diesen folgt, dann werdet ihr nie irregehen.

All jene, die mir zuhören, sollen diese Worte den anderen mitteilen und jene sollen sie wiederum anderen mitteilen, und es mag sein, dass die Letzten die Worte besser verstehen, als jene, die mir zuerst zugehört haben. Sei mein Zeuge, o Gott, dass ich Deinen Menschen Deine Botschaft überbracht habe."

Als Reaktion auf diese Worte empfing er in der Nähe des Berges Arafat die Worte:

" [...] Heute habe ich euch eure Religion vervollkommnet und Meine Gnade an euch vollendet und euch den Islam zum Glauben erwählt..." (Quran 5:3)

3.8 Auf dem Weg zur Erleuchtung?

Viele spirituell Suchende fragen sich, was die *Erleuchtung* ist, wie sich das anfühlt, erleuchtet zu werden und ob man dazu einer Religion folgen muss. Sadhguru ist das beste Beispiel dafür, dass es dazu keiner Religion bedarf, sondern nur einer intensiven spirituellen Suche. Er wurde durch eine intensive Meditationserfahrung erleuchtet. Er wurde einmal gefragt, ob Erleuchtung vielleicht auch passieren kann, ohne dass man es merkt. Er musste als Reaktion auf diese Frage herzhaft lachen. Alle Meister zeichnen hierzu das gleiche Bild:

> Die Erleuchtung zu erfahren, das ist, wie wenn man in einem dunklen Raum das Licht anmacht. Auch wenn dieser Raum Jahrhunderte lang dunkel war, so kann man jetzt alles klar erkennen. Nur ein Blinder könnte behaupten, dass er keine Änderung bemerkt.

Nach meiner Erfahrung passiert Erleuchtung in Stufen. Aber jede Stufe ist ein überwältigendes Erlebnis infolge dessen man nun Dinge klar sieht, die zuvor vollkommen im Dunkeln lagen, die aber nicht logisch ableitbar waren. Die Menschen vor uns haben von einem *Akt der Gnade Gottes* gesprochen. Im ersten Band habe ich viel von solchen Gegebenheiten erzählt. Spätestens bei der Erfahrung, dass man Dinge voraussieht, die in der nahen Zukunft passieren werden, wird auch der Zweifler erkennen, dass er neue Fähigkeiten erhalten hat. Die Welt ist viel vielschichtiger, als unser rationaler Geist das erfassen kann. Ich spreche gern vom *Internet des Geistes* und davon, dass die Weisen und Heiligen keine Handys brauchen, um miteinander oder mit dem Göttlichen zu kommunizieren. Sie sind eins mit jedem noch so kleinen Teil der Schöpfung.

In Jahr 2004 erschien ein Film mit dem Titel „Was zum Teufel wissen wir eigentlich?" [44] - auf Englisch würde man sagen „What the hell do we know?", aber das böse Wort ist ausgebleept. Deswegen heißt der Film oft nur *Bleep*. Als dieser Film lief, wurde er in nahezu keinem Mainstream-Kino gezeigt. Ich sah ihn in einem Programm-Kino in Frankfurt auf Englisch mit Untertiteln. Das Thema des Films berührte mich schon beim Betrachten des Plakats und so war es nicht verwunderlich, dass ich alles daran setzte, mit einem Freund aus Studienzeiten dorthin zu gehen. Die Vorstellung war für meinen Freund sehr langatmig und wohl auch verwirrend, aber ich war die zwei Stunden absolut wach und saugte alles in mir auf, weil es genau um die wichtigen Fragen ging, die sich ein Wahrheitssucher stellt:

- Wer bin ich?

- Woher komme ich und wohin gehe ich?

- Was ist diese Welt und welche Rolle hat Gott darin?

Viele Wissenschaftler, Ärzte und ein Medium aus den USA äußerten sich in diesem Film zu diesen Fragen. Aus ihren Antworten machte der Regisseur William Arntz einen spirituellen Film, der die Menschen aufwecken sollte, um die vielen Wunder in der Welt und sich selbst wieder als etwas Wundervolles wahrzunehmen. Diesen Film habe ich ausschnittsweise schon in vielen Oberstufenkursen am Ende der Quantenmechanik gezeigt, denn er erklärt, dass die klassische Sichtweise der Physik unzureichend ist, wenn man das Lebendige und das Mysterium dieser Welt verstehen will. Aufgrund meiner Meditationserfahrungen durch die Lehrbriefe Yoganandajis spürte ich nun, dass die Zeit gekommen war, wo Wissenschaft und Mystik verschmelzen würden.

Ich begann mit den Schülerinnen und Schülern im Unterricht zu meditieren, am Anfang der Stunde Aphorismen vorzulesen oder ein aktuelles Thema kurz anzusprechen, was die Jugendlichen gerade sehr berührte. Woher ich wusste, was sie gerade sehr berührte, fragen Sie? Ich wusste es einfach! Einige stellten mir wirklich sehr tiefgreifende Fragen, worauf ich versuchte, möglichst so zu antworten, dass damit die spirituelle Suche beginnen konnte und nicht etwa endete. Ich fühlte, dass die Zeit reif war, über all diese Dinge zu sprechen. Auch das ist Erleuchtung!

Trotzdem wäre ich damals nie auf die Idee gekommen ein Buch zu schreiben, das ich der breiten Öffentlichkeit zugänglich machen würde. Ich war als Lehrer noch in der Ausbildung und das bedeutet, dass man genauestens begutachtet wird, auch hinsichtlich der eigenen Persönlichkeit. Darum schrieb ich von alledem nur auf meiner privaten Webseite, die ich anschließend mit einem Passwort versah. Nur diejenigen Menschen, die ich für würdig erachtete, erhielten von mir das Passwort und tauschten sich, nachdem sie meine Gedanken gelesen hatten, per Email mit mir aus. Das war alles noch in Zeiten vor Facebook. Man hatte nur wenige Follower, aber mit Tiefgang!

Diese Kommunikation war sehr privat und keiner der Beteiligten wollte, dass die Familie oder der Arbeitgeber etwas davon erfährt, wie tief man sich in das *Kaninchenloch* wagte, um die Antwort auf jene tiefgreifende Fragen zu bekommen. Damals verstand ich immer mehr, dass die Suche an sich das Wertvolle ist. Die Araber nennen die Gottsucher *Hanifen*. Die Asiaten würden betonen: „Der Weg ist das Ziel!"

Als die deutsche Übersetzung zu „What the bleep do we know?",
die Udo Grube unter hohem unternehmerischen Risiko veröffentlicht hatte, ein bis zwei Jahre später auf DVD erschien, war
es noch einfacher, über diese Dinge zu reden. Ich konnte, wie
bereits erwähnt, endlich Ausschnitte aus dem Film auf Deutsch
im Unterricht zeigen. Udo Grube bietet mit seiner Plattform
Horizonworld und neuerdings mit seinem Sender Manoa.tv den
Menschen heute immer noch viel geistiges Futter zur Suche,
auch wenn ich manches zu esoterisch oder weltfremd finde. Wenn
man seine Filme sieht, lernt mal sehr viele alternative Menschen
kennen, darunter auch Impfgegner und Verfechter der Informa-
tionsmedizin, mit der ich mich zwar auch schon beschäftigt habe, die aber nach meiner Beurteilung als Physiker noch nicht
ernst zu nehmen ist, weil sie noch in den Kinderschuhen steckt.
Jedenfalls scheint es viele von uns zu geben, die erwacht sind,
und genau wissen, dass sie den Rest der Menschheit auch noch
aufwecken sollen. Man könnte also sagen, dass erleuchtete Menschen diejenigen sind, die erwacht sind und ihr Leben selbst
steuern. Sie lassen sich nicht mehr blenden, weder durch Geld,
Reichtum, Versprechen noch Freud und Leid des Alltags. Sie
steuern ihr Leben selbst und nehmen ihre innere Stimme wahr.
Auf der höchsten Stufe handeln sie im Einklang mit der Schöpfung. Doch dieser Idealzustand hält nach meiner Erfahrung leider im Alltag nicht einfach so an, denn dieses Gefühl habe ich
derzeit auch nur an manchen Tagen. Ich sollte wieder regelmä-
ßiger meditieren!

4 Globaler Frieden

Aufgrund der vielen Kriege und Konflikte und Probleme wünschen sich viele Menschen nichts sehnlicher als den Weltfrieden und ehrlich, wo ich langsam auf die Fünfzig zugehe, wundere ich mich, warum die gleichen Probleme immer wieder auftreten. Man kann es sich tatsächlich nur so erklären, dass die Welt eine Schule für die Seelen ist, wie es die Heiligen sagen. Jeder Einzelne soll also möglichst alles lernen und erfahren, wie man wegkommt von egoistischen hin zu altruistischen Verhaltensweisen, die uns die Propheten vorlebten. Trotzdem bin ich mir sicher, dass das globale Bewusstsein der Menschheit sich immer höher entwickelt und wir allmählich in das neue Zeitalter[1] eintreten, wo die niedrigeren Instinkte und Gefühle immer weniger eine Rolle spielen. Wie Isaak Newton damals bei der Betrachtung der Materie, so stelle ich nun in Bezug auf das Bewusstsein die Frage: „Was erzeugt die Trägheit?"

---

[1] Das Lied *Age of Aquarius* der Hippies verweist darauf, dass man in der New-Age-Bewegung glaubt, dass alle 2000 Jahre ein neues Zeitalter beginnt. Da zu Jesu Geburt der Frühlingspunkt im Sternbild Fische stand sollte nun bei gleichmäßiger Unterteilung des Himmels in die Tierkreiszeichen 2000 Jahre später das Wassermannzeitalter beginnen.

4.1 Traditionelle Strukturen

In meinem ersten Buch schilderte ich, wie es war, in einem zu beinahe hundert Prozent katholischen Dorf aufzuwachsen. In ähnlicher Weise wuchs der Prophet Mohammed^{saw} in einer Sippe, nämlich der Sippe der Quraisch, auf und musste sich deren Riten und Regeln beugen. Nachdem er sich in die Höhle zurückgezogen hatte und zu einem spirituellen Menschen geworden war, hatte er ebenfalls die Erfahrung gemacht, dass es sehr schwierig ist, ein System von innen zu verändern. In der heutigen Sprache könnte man seine Mission so beschreiben, dass er die zu jener Zeit dekadente und dem Götzendienst verfallene Sippe zurück zum ursprünglichen Glauben an den einen Gott, Allah, führen sollte. Doch nur wenige hörten ihm zu, viele sahen in ihm einen Spinner und schließlich sah man ihn, genau wie bei Jesus, als eine Bedrohung und wollte ihn töten, wenn er nicht schweigen oder die Stadt verlassen würde. Deshalb die vorbereitete Ausreise aus Mekka im September 622 n. Chr. in die Stadt Yathrib, die wir heute Medina nennen.

In den letzten Jahren sieht man immer wieder in den Medien, dass die katholische Kirche Missbrauchsfälle aufarbeiten und mit ihren überholten Strukturen aufräumen muss, damit solche Fälle in Zukunft nicht erneut auftreten. Die Stimmen zur Reformation der katholischen Kirche sind ja nicht neu. Jeder kennt Martin Luther, der dies im 16. Jahrhundert bereits versuchte, was schließlich zur Spaltung der Einheitskirche führte und neue Strömungsrichtungen hervorbrachte. Sobald ich als Jugendlicher klar denken konnte, fielen mir auch so viele Sachen ein, die man verändern müsste und damit war ich nicht alleine. Ich erinnere mich noch, wie wir in den 90er Jahren ein Jugendforum im Bistum Trier abhielten, um Vorschläge zu machen, wie die in der Kirche engagierten Jugendlichen sich die anstehenden Reformen vorstellen und welche Ziele sie vorschlagen. Alles war sehr demokratisch organisiert! Jede Gemeinde konnte Delegierte entsenden. Es gab Arbeitskreise und Diskussionsgruppen sowie Ausschüsse, die die Ergebnisse festhielten und am Ende mit in die Abstimmung brachten. Am Ende wurde das Ergebnis der Abstimmung in einem Dokument niedergelegt und dem Bischof übergeben. Und dann warteten wir! Ein Jahr, noch ein Jahr und noch eines. Was passierte? Rein gar nichts! Viele von uns kapierten sofort, dass keine Veränderung gewünscht war. Ich blieb noch bis kurz vor meiner Hochzeit der katholischen Kirche als Lektor treu, aber dann zog ich die Reißleine, weil ich mich durch die Dogmen und Verbote eingeschränkt sah. Spiritualität kommt nicht durch Dogmen, sondern durch unmittelbare Erfahrung zustande.

Wie kann man einen Schwur leisten, dass man sein ganzes Leben lang einträchtig zusammenleben wird und wenn man das nicht schafft, dann muss man sich schämen und hat nicht das Recht erneut sein Glück zu versuchen. Oder wenn man gar homosexuell oder transgender ist, dann ist der Leidensweg innerhalb der katholischen Kirche schon vorprogrammiert. Unglaublich fand ich auch die Insidergeschichten, wie viele Priester homosexuell sind, es aber nicht offen zeigen, oder wie viele Priester uneheliche Kinder haben, für die die Kirche Alimente und Schweigegeld an die Mutter zahlt, damit der Priester ungehindert weiterarbeiten kann.

Auch wenn die islamische Lehre sehr konservativ ist, so ist es doch normal, als Imam das Gebet und den Gemeindedienst zu leisten, während man auch Familienvater ist. Mit einer abweichenden sexuellen Orientierung hat auch der Islam Probleme und kritisiert generell die übertriebene Sexualisierung der Öffentlichkeit, wie sie in den Medien, der Werbung, aber auch in einem übertrieben freizügigen Kleidungsstil auffällt, den die Generation meiner Eltern schlicht als *nuttig* bezeichnet hätte.

Durch meine Reisen in die verschiedenen Länder der Erde weiß ich, dass sich an vielen Stellen die traditionellen Strukturen auflösen, die über Jahrhunderte stabil waren. Dies gilt vor allem in der arabischen Welt. Der sog. *Arabische Frühling*, den ich auf Seite 36 bereits erwähnt habe, war allerdings eher eine Enttäuschung. Diese Veränderungen führten für die meisten Betroffenen wohl nicht zu einer Verbesserung, sondern zu einer Destabilisierung ihres Staates und zu einer Desorientierung in ihren Werten. Als Beispiel sei Libyen genannt, das seit einiger Zeit durch den Vormarsch von General Haftars Truppen auf Tripolis noch weiter in die Krise stürzen könnte. Die Bundesregierung hat im Januar 2020 einen revolutionären Schritt unternommen, indem sie alle direkt involvierten Personen und die Vertreter der im Hintergrund wirkenden Mächte im Kanzleramt versammelt hat, konnte letztendlich aber wenig ausrichten. Der vereinbarte Waffenstillstand ist brüchig, der militärische Vormarsch geht weiter und im Hintergrund werden wahrscheinlich immer noch Waffen aus dem Ausland geliefert, obwohl man genau dies alles unterbinden wollte. Vor Kurzem habe ich eine Buchlesung des Deutsch-Irakers Walid besucht, der über sein Buch Bagdad sprach. Was er über sein Land sagte, gilt gleichermaßen auch für Libyen: „Wir haben Öl! Es ist ein Segen und ein Fluch! Ein Segen, weil wir sehr viel Geld durch den Verkauf des Öls verdienen und es dem Land eigentlich gut gehen könnte und ein Fluch, weil es die Korruption begünstigt, so dass viele ausländische Staaten mitverdienen können!"

So sollten wir, wie übrigens auch der Prophet^{saw} damals, nicht nur über unsere traditionellen gesellschaftlichen Strukturen und deren Folgen nachdenken, sondern auch über die Art, wie wir wirtschaften. Das wird von Tag zu Tag dringlicher, denn gerade in neokapitalistischen Systemen geht die Schere zwischen Arm und Reich extrem schnell auseinander und ein Teil der Menschheit wird erneut die Rolle einnehmen, wie sie im Zeitalter der Kolonialisierung die Sklaven hatten. Dieses Problem bringt schon seit Jahrtausenden Konflikte in die Gesellschaft und man hat tatsächlich das Gefühl, dass es nie gelöst werden wird. Ein Geschichtslehrer sagte mir einmal: „Es ist egal, was die Masse des Volkes macht, solange die oberen zehntausend Fähigen das Ganze bewegen und ihre Ideen und ihr Kapital einbringen, läuft es rund in einem Land." - Nun, dieser Meinung bin ich absolut nicht. Zwar gibt es in unserer hochindustrialisierten Welt ganz klare Tendenzen dorthin, aber die oberen Zehntausend können nicht alleine die Wirtschaftsleistung des ganzen Landes erbringen und Wirtschaft ist außerdem nicht alles. Natürlich nimmt die Produktivität von oben nach unten ab, aber nicht nur in Amerika kann man seinen Traum verwirklichen und mit einem kleinen Startup-Unternehmen aufsteigen. Drei ehemalige Schüler von mir tun dies gerade, erfahren aber auch, wie schwer das im Alltag ist, wirtschaftlich erfolgreich zu sein und sich gegen riesige Konzerne auf dem Markt durchzusetzen. Patentrechte schützen hier nur bedingt, denn man kann sich nie sicher sein, ausspioniert oder bestohlen zu werden.

4.2 Gesellschaften und Sekten

Wäre es nicht schön, wenn wir in einer Gesellschaft leben würden, in der alle gleich sind - keiner ist reich oder arm, alle haben genug zu leben! Welche Staatsform wäre das? Der Kommunismus oder der Sozialismus? Karl Marx, der Begründer der Ideen des Kommunismus, wuchs in Trier auf und war schockiert über den Prunk und den Reichtum der Kirche, die predigte, den Armen zur Seite zu stehen. Er schrieb von einer herrschaftsfreien und klassenlosen Gesellschaft, in der die Produktionsmittel allen gehören sollten, so dass auch alle von der Wirtschaftsleistung des Landes profitieren könnten. Im letzten Jahrhundert haben einige Länder wie Kuba, China und die Sowjetunion versucht dieses Modell zu implementieren. Den reinen Kommunismus hat es aber so nie gegeben, sondern nur einen Realsozialismus. Aber Ende des 20 Jh. brach dieses System in vielen Staaten zusammen, insbesondere in der DDR und den Staaten der Sowjetunion. In den Ländern, deren Wirtschaftssystem der Kapitalismus war, vertraten viele Reiche und führende Köpfe die These meines Geschichtskollegen. Viele von ihnen, wie etwa die USA, hatten deshalb eine so große Angst, dass der Kommunismus sich weltweit weiter ausbreiten könne und die Reichen nach und nach enteignet würden, so dass Kriege gegen kommunistische Länder geführt wurden. Einer der bekanntesten Kriege aus dieser Epoche war der *Vietnam-Krieg*, den ich auf Seite 17 in Kapitel I schon erwähnte. Aufgrund dieses Krieges entstand die Hippie-Bewegung, die es sich zum Ziel gemacht hatte, einen gesellschaftlichen Bewusstseinswandel zu fördern und das Zeitalter des Wassermanns einzuläuten, in dem alle Menschen sich als Weltgemeinschaft verbunden fühlen, so wie auch Guruji es propagiert. Im Kleinen funktioniert es auch eigentlich ganz gut ohne Hierarchien, wie z.B. in einem Ashram oder einem Kibbuz, aber je größer die Gemeinschaft wird, desto weniger kennen die Menschen sich untereinander persönlich und desto abstrakter wird der andere. So überwiegt immer mehr das Gefühl der Trennung gegenüber dem Gefühl der Verbundenheit, so dass es leichter wird, sich abzugrenzen und egoistisch zu handeln. Die fortschreitende Vernetzung unserer Welt und die Tatsache, dass viele Menschen reisen und Flüchtlinge sich Tag für Tag in anderen Ländern ansiedeln, könnte dazu führen, dass diese Distanz wieder mehr und mehr überbrückt wird. Aber man sollte sich keine Illusionen machen, dass dies automatisch mit den technischen Möglichkeiten passiert, sondern vielmehr dienen diese nur zur Verstärkung der Intentionen, die die Menschen hegen. Wer über Fremde hetzen will, kann das mit den heutigen Möglichkeiten noch intensiver, wer aber diese Menschen begleiten und ihnen helfen will, der kann das ebenfalls mit Hilfe des Internets noch wirkungsvoller.

Die Angst vieler Eltern, deren Kinder sich einer neuen Bewegung anschließen, um in einer anderen Gesellschaft zu leben, ist nicht ganz unbegründet. Die Hippie-Bewegung mit ihrer sexuellen Freizügigkeit war da noch harmlos. Die Bhagwan-Gemeinde rund um den provokanten Guru Bhagwan Shri Rajneesh, heute als *Osho* oder *Bhagwan* bekannt [45], war bereits eine deutliche Steigerung. Osho hat versucht, den Menschen zu helfen, ihre gewohnten Denkschemata zu durchbrechen und durch dynamische Meditationen zu sich selbst zu finden. Wenn man das Erwachsenenalter erreicht hat, kann man sich ruhig mal einige seiner Vorträge anzuhören, um einige alte Gewohnheiten zu durchbrechen. Beispielsweise fordert er eine Erziehung der Kinder durch die ganze Community, so wie es früher auf den Dörfern der Fall war. Aber ob seine Vorschläge wirklich dazu geeignet sind, eine bessere Gesellschaft aufzubauen, daran habe ich doch große Zweifel. Er stellt die Freiheit des Einzelnen über alles, fordert die Abschaffung der Ehe und freie sexuelle Freiheit jedes Einzelnen [46]. Was ich jedoch gut finde, ist die Feststellung, dass ein Mensch sich nicht von Dogmen einengen lassen soll und nur dann wirklich wachsen kann, wenn er möglichst viele und intensive Erfahrungen mit anderen Menschen hat. Wo da die Grenze ist, muss jeder selbst entscheiden. Jedenfalls geriet die Osho-Gemeinde irgendwann in Verruf, wegen der vielen reichen Kids, die aus ihrem langweiligen Leben ausbrachen, kräftig auf den Putz hauten und ihrem Meister einen Rolls-Royce nach dem anderen kauften, was zur Insolvenz der Community und bis zu Morddrohungen führte. Die heutige Osho-Bewegung hat sich sehr gewandelt. Sie ist deutlich seriöser, hat weniger Sektencharakter und lehrt gute dynamische Meditationstechniken. Aufgrund der oben genannten Auffassungen sind die Retreats aber nicht vor Erreichen der Volljährigkeit zu empfehlen.

Allgemein sollte man jede Community vor einem Besuch sehr genau prüfen und sich auf seriösen Quellen über die Gemeinschaft informieren [47]. Es ist normal, dass man etwas für Kurse oder Ashrambesuche zahlen muss. Der Preis sollte kostendeckend sein und mit anderen Kursen, Therapiesitzungen oder Hotelübernachtungen vergleichbar sein. Es gibt viele schwarze Schafe, die so strukturiert sind, dass der Einzelne ganz klar Unterdrückung und nicht etwa Wachstum erfährt. Außer den vielen bekannten wie etwa den Kindern Gottes, dem Ku-Klux-Klan, der Heaven's Gate-Sekte, der Scientology-Church, den Sonnentemplern und der Mun-Sekte, gibt es noch unzählige gefährliche Gruppierungen, die weniger bekannt sind.

Ein Beispiel einer christlichen Sekte ist etwa die *Colonia Dignidad* in Chile, die von dem Deutschen Paul Schäfer gegründet wurde. Dieser war Mitglied des CVJM, aber schon 1947 wurden seine Neigungen zu sadistischen Praktiken sichtbar. Als Jugenderzieher wurde er im gleichen Jahr wegen homosexueller Praktiken fristlos entlassen. Zusammen mit dem Baptistenprediger Hugo Baar verbreitete er endzeitliche Schreckensszenarien und gründete eine Gemeinde, deren Mitglieder den zehnten Teil ihres erwirtschafteten Einkommens an ihn abtreten mussten. Er predigte christliches Wohlverhalten und sexuelle Enthaltsamkeit, zwang aber seine Mitglieder zu intimen Beichtgesprächen, verhängte drakonische Strafen und verging sich an Knaben. Als dies in Deutschland langsam entdeckt wurde, floh er 1961 nach Chile, wo er vorgab, Waisenkinder helfen zu wollen. Dort gründete er die Colonia Dignidad, die nach außen hermetisch abgeriegelt war. Schäfer half Diktator Pinochet Oppositionelle zu eliminieren, ließ die Leichen mit Napalm auf dem Gelände der Kolonie verbrennen und dann verscharren. Außerdem half er dem Diktator bei der Beschaffung von Waffen und Giftgas. In seiner Zeit in Chile verging er sich an mehr als 200 Knaben, mehrheitlich Deutsche. Das Auswärtige Amt schaute gezielt weg, wohl weil ihm die Sache zu heiß war. Erst im Jahr 2005 wurde Schäfer in Argentinien festgenommen und 2006 von einem chilenischen Gericht des sexuellen Missbrauchs von Kindern in 25 Fällen für schuldig befunden. Die anderen Vergehen wurden nicht verhandelt, weil es der chilenische Staat verhinderte. Im Jahre 2016 nahm der Außenminister Frank Walter Steinmeier zu der Colonia Dignidad Stellung und räumte Versäumnisse ein.

Viele andere religiöse oder freie Communities bewegen sich zwischen den folgenden beiden Extremen:

- Die totale Freiheit und Entwicklung auf ein unbestimmtes Ziel wie bei Bhagwan, in der Hoffnung seine eigene wahre Natur und sein volles Potenzial zu entdecken.

- Die totale Kontrolle und Unterwerfung wie zur Zeit bei Schäfer, der sicher von den Nazis gelernt hatte. Hier sollte jeder Einzelne ein möglichst einfaches Leben führen und seine Erfüllung darin finden, dem Führer zu dienen.

Dazwischen gab es noch sehr ursprüngliche Communities wie etwas die Mahana-Community in Neuseeland. Arthur, ein noch heute lebender Bewohner sagt dazu:

> Loneliness is something that I have never experienced in my life! My own company is satisfactory. A real lonely person is lonely in a crowd!

Er spricht also wie ein Yogi, der sich selbst genug ist! In welcher Gesellschaft man sich wohlfühlt, muss natürlich jeder selbst entscheiden. Das ändert sich sicher auch im Laufe des Lebens.

Als Student ist die Stadt interessant, wenn man Kinder hat, lebt man lieber auf dem Land und als Rentner vielleicht irgendwo im Süden auf einem Campingplatz oder macht Charity-Projekte irgendwo in der Welt. Nur missbrauchen lassen, das sollte man sich nie! Organisationen, die nichts zu verbergen haben, arbeiten transparent und unterhalten einen intensiven Dialog mit anderen Glaubensgemeinschaften.

Sadghurus Isha-Foundation und Ravi-Shankars Art-of-Living-Foundation mögen zwar Unwissenden auch als Sekten erscheinen, haben aber eine komplementär andere Zielsetzung, nämlich die des Dienens und der Selbsttransformation zu einem friedlichen Menschen. Sie übernehmen weltweit eine große soziale Verantwortung, indem sie in unterentwickelten Regionen Hilfsprojekte anbieten, kostenlose Schulen betreiben, in Gefängnissen bei der Traumatabewältigung helfen und vieles mehr. Kein echter Meister wird fordern, dass man große Teile seines Vermögens der Gemeinschaft übereignen muss. Es leben noch viele spirituelle Meister, wie Mooji, Amma, Eckhard Tolle, Deepak Chopra, Papst Franziskus und viele mehr, die Menschen von den Begrenzungen und den Konflikten ihres Egos befreien, um einen wahrhaftigen Dienst an der Menschheit zu verrichten, aber ohne jemanden zu knechten oder zu erniedrigen. Wie ich es im ersten Band des Buches verdeutlicht habe, muss sich jeder Mensch selbst auf die Suche machen. Wenn man bereit ist und es ersehnt, dann tritt der Meister ins eigene Leben. Das wird kein Zuckerschlecken, denn Schattenarbeit und der Kampf gegen das eigene Ego sind hart. Wenn man sich in einer mitmenschlichen Beziehung aber dauerhaft erniedrigt fühlt und keine Veränderung in Sicht ist, dann sollte man gehen, bevor es zu spät ist und eine andere Umgebung oder gar nach einen anderen Meister suchen!

Generell ist es gut, wenn man nicht längere Zeit in immer gleichen Strukturen verbringt, denn dann wird man wie ein Roboter. Es sei denn, man wächst jeden Tag in diesen Strukturen und dient seinen Mitmenschen. Die besondere Fähigkeit des Menschen ist es, sich an jede neue Situation anzupassen und sich immer wieder neu zu definieren. Das muss man auch, wenn man spirituell auf der Suche ist.

4.3 Gerechtere Staatsformen

Hier im Westen sind die meisten Jugendlichen, mit denen ich mich unterhalte, in einer Demokratie aufgewachsen. Sie sind es gewohnt, mit einer großen Anzahl von Freiheiten aufzuwachsen und die individuelle Förderung scheint die meiste Zeit im Fokus zu stehen. Große Krisen haben die meisten in ihrem zarten Alter bisher noch nicht erlebt und sowohl die Nazi-Diktatur als auch das SED-Regime gerät immer mehr in Vergessenheit. Interessant war es für mich, bei den vielen Reisen nach Marokko Erfahrungen mit der dortigen konstitutionellen Monarchie zu machen. Das Bild des Königs hängt auf allen Ämtern, in fast allen Läden und Werkstätten, d.h. er ist für das Volk ständig präsent und gerade die einfachen Handwerker antworten gerne, dass sie für Gott, den König und das Vaterland arbeiten. Das Volk hängt an seiner Monarchie genauso wie die Briten, wobei der marokkanische König wesentlich größeren politischen Einfluss hat als die Queen. Für viele Deutsche würde eine solche Staatsform ungewohnt viele Einschränkungen bedeuten, z.B. bei der Pressefreiheit und dem Schutz von Minderheiten. Dieses System ist aber noch weit entfernt von denen in China und Nordkorea, die wir als totalitäre Einparteiensysteme kennzeichnen.

König Mohammed VI. ist zwar unanfechtbar die oberste Instanz, aber er bekommt Petitionen und Vorschläge zur Verbesserung aus dem ganzen Volk, die das Parlament dann weiter ausarbeitet. Er behält sich dennoch immer vor, noch einzugreifen und Änderungen zu verlangen oder gar ein Veto einzulegen. Der marokkanische König trägt den Titel *al-mu'minin*, als Oberhaupt der Gläubigen. Er begreift sich somit also Nachfolger des Propheten[saw] und tut alles, um dessen moralischen Standards gerecht zu werden. Sein Privatleben bleibt dem Volk verborgen.

Niemand kann mächtiger werden als der König, auch kein multinationaler Konzern. Er verdient und entscheidet überall mit un kann somit nicht übergangen werden. Das ist mit Sicherheit auch ein Vorteil gegenüber unserer westlichen Welt, wo diese Konzerne unglaubliche Macht errungen haben. Hierauf möchte ich später noch eingehen. Diese Staatsform ist für Staaten geeignet, in denen das Volk noch wenig Erfahrung in politischer Mitwirkung hat oder viele Menschen Analphabeten sind und somit gar nicht die Voraussetzung bzw. nur eingeschränkte Möglichkeiten haben, sich eine eigene politische Meinung zu bilden und diese auch konsequent zu vertreten. Aber der harmonische Schein trügt, denn Hassan II. herrschte zuvor mit harter Hand, mit Einschüchterungen, Enteignungen, Verschleppungen und Beseitigungen von Oppositionellen. Die Demokratie ist mit Sicherheit der wünschenswerte idealisierte Endzustand eines Staates, aber sie setzt eben voraus, dass alle Bürger ein hohes Maß an Bildung besitzen, sich politisch beteiligen und auch immer wieder die errungenen Freiheiten verteidigen. Dies ist im besonderen Maße in den letzten Jahren wichtig geworden, wo es wieder einen spürbaren Rechtsruck in vielen Staaten gibt. Mein Uropa Aloys, noch ein überzeugter Anhänger des Kaiserreichs und bezeichnete seine Auflösung als einen Fehler, weil er meinte, dass sich nun nicht mehr nur ein sondern viele Familienclans bereichern werden[2]. Aber bereits mein Opa Franz sah nach dem Krieg in der Gründung der Bundesrepublik einen großen Fortschritt gegenüber der konstitutionellen Monarchie des Kaiserreichs und eine Erlösung von der Nazi-Diktatur. Dieser großen Errungenschaft sind sich heute nur die wenigsten Bürger bewusst. In Argentinien wurde mir klar, wie schnell eine Demokratie auch wieder verschwinden kann.

---

[2]Womit er ja nicht ganz unrecht hatte!

4.4 Gerechtere Wirtschaftssysteme

Die Menschheit scheint derzeit aus zwei Gruppen zu bestehen: Eine kleine Gruppe von nur wenigen Prozent, die ihrer Gier freien Lauf lassen und gar nicht genug Besitztümer anhäufen können, und der großen Mehrheit von Menschen, die versuchen, sich mit dem ehrlich Verdienten über Wasser zu halten und damit ihre Lieben zu versorgen. Dirk Müller, alias Mr. Dax, spricht von einer *Kleptokratie*, also einer Herrschaft der Diebe und meint damit eine Gesellschaft, in der sich die Superreichen und Megakonzerne ungeniert bereichern können. Neu ist dies nicht, denn bereits in den Zeiten des Propheten Mohammed gab es in Mekka genau diese Zustände. Das Geld kumulierte in wenigen reichen Händlerfamilien und die Arbeiter kamen auf keinen grünen Zweig. Der bekannte Kabarettist Volker Pispers [34] nennt hierzu Zahlen aus Vorcoronazeiten, die wirklich umhauen:

- Die Deutschen vererben jährlich 250 Milliarden Euro!

- Die Summe der auf der Bank geparkten Privatvermögen beträgt in Deutschland etwa 5.000 Milliarden Euro, ohne Immobilien!

- Immer heißt es, es ist kein Geld da, aber im Jahre 2008 wurden 45 Milliarden über Nacht für die Bankenrettung locker gemacht!

- Die Staatsverschuldung betrug vor 2020 etwa 2 Billionen Euro. Das entspricht mehr als 22.000 Euro pro Bürger!

Das Geld ist also durchaus da, aber es ist schlecht verteilt. Der Islam hat deshalb seinerzeit zwei wichtige Instrumente eingeführt:

- Das Zinsverbot, das zur Folge hat, dass man mit dem Verleih von Geld nicht ohne weiteres Geld verdienen kann, sondern nur durch Investitionen in ein Unternehmen, so dass man auch das Risiko mitträgt.

- Die Armensteuer, Zakat, die einen Ausgleich in der Gesellschaft schaffen soll.

Man könnte behaupten, dass wir uns in den letzten Jahrzehnten mehr und mehr zu diesen Idealen hin entwickelt haben. Die Zinsen sind in den meisten Ländern der Erde auf nahezu Null gefallen und stattdessen muss man in Aktien investieren, bei denen man das Unternehmerrisiko mitträgt. Statt der Zakat gibt es die Steuer, mit der Schulen, Straßenbau und viele andere öffentliche Einrichtungen finanziert werden und die Zahlungen an Arbeitslose, Kurzarbeiter und Flüchtlinge. Wenn alle dieses System voll unterstützen würden, würde es bestimmt super funktionieren. Verglichen mit den Ländern der zweiten und dritten Welt ist Deutschland für die meisten immer noch das Paradies, was das soziale Netz angeht. Aber dennoch wird zu Recht bemängelt, dass es viele reiche Privatleute gibt, die ihr Geld unbemerkt in Steueroasen oder auf Nummernkonten transferieren, oder multinationale Konzerne, die unglaubliche Summen in Deutschland verdienen, aber keinen nennenswerten Beitrag an Steuerzahlungen leisten. Die europäischen Staaten versuchen nach und nach diesen Missstand zu beheben.

Als Sohn eines Winzers habe ich in der Jugend die europäische Marktöffnung miterlebt, die für die meisten Familienunternehmen eine Verstärkung der Konkurrenz und eine Anpassung an die Marktregeln der EU zur Folge hatte. Ein paar Jahre später folgte dann die Öffnung des deutschen Agrarmarktes zum Weltmarkt, was gerade beim Getreide und beim Wein einen sehr starken Preisverfall zur Folge hatte, in dessen Folge un-zählige Betriebe aufgaben. Glücklicherweise gibt es auch heute noch Familienunternehmen in Deutschland. Sie machen sogar fast 90 Prozent der Unternehmen aus[3]. Gerade in den letzten Jahren geraten sie aber durch multinationale Konzerne immer mehr unter Druck. Branchengigant Amazon zerstört nach und nach ehemalige Handelsketten und Kleinunternehmen, die ich aus meiner Jugend kenne, wie Quelle, Otto, Bader und Necker-mann. Man hätte ihm nie erlauben dürfen, alles zu verkaufen! Viele Unternehmen mussten sich an die Haifischstrategie anpas-sen, wurden geschlossen oder verkauft und Produktionsstätten wurden ins Ausland verlegt, weil eine globale Warensuchmaschi-ne einen unglaublichen Preisdruck erzeugt. Gerade chinesische Investoren haben sich in viele Bereiche eingekauft, was zu einer gefährlichen Entwicklung in Deutschland geführt hat. Erst als eine chinesische Firma den Roboterhersteller Kuka kaufen woll-te, schritt die Bundesregierung ein, weil sie verstand, dass dies eine Schlüsseltechnologie ist, die nicht in die Hände der Kon-kurrenten fallen sollte. Trotzdem wurden 95 Prozent der Aktien vom chinesischen Midea-Konzern erworben.

Angesichts der exorbitanten Gewinne der großen Konzerne wie Apple, Google und Amazon und der immer schnelleren Um-strukturierung der Wirtschaft bleibt die alte Frage: „Wie müs-sen Wirtschaft und Politik beschaffen sein, wenn alle darin faire Chancen vorfinden sollen und Produktion und Handel gedeihen sollen?" Sicher sollten sie nicht lauten:
Produziere billig in China, wo die Standards niedriger sind, ma-che deinen Umsatz im Westen unter Ausnutzung von Steuerpa-radiesen und schaffe das Geld dann ins Mutterland USA!

---

[3]siehe Webseite www.familienunternehmen.de

4.5 Das Prinzip Nachhaltigkeit

Viele Menschen gehen ja auf die Straße demonstrieren, weil sie in den neuen Umweltgesetzen, die uns die Pariser UN-Klimakonferenz aus dem Jahre 2015 bescherte, einen *Öko-Faschismus* sehen. Dabei haben wir gar keine Wahl, ob wir ein nachhaltiges Wirtschaftssystem implementieren, sondern nur wie wir das tun und ein bisschen auch wie schnell. Da wir quasi seit dem Beginn des Zeitalters der fossilen Brennstoffe über unsere Verhältnisse leben und uns an diesen Wohlstand gewöhnt haben, ja ihn sogar für alle einfordern, haben wir nun ein Problem, wie wir zu einem gerechten und für die Erde tragbaren System kommen.

> There is enough for everybody's need and not for anybody's greed! - Mahatma Ghandi

Wie kann man dem Menschen seine unersättliche Gier oder vielleicht manchmal auch nur seine Bequemlichkeit etwas abtrainieren? Jeder Einzelne muss verstehen, dass er ein Teil des Lebensnetzes ist und dass sein Handeln eine ganze Kette von Auswirkungen auf die weltweite Wirtschaft hat. Ich will mir in diesem Jahr ein neues Auto kaufen, ein elektrisches Auto, das keinen fossilen Treibstoff mehr benötigt und keine Abgase mehr emittiert. Wenn ich aber schon mein altes Auto verkaufe, könnte es nach Afrika gehen, wo ihm der Katalysator entnommen und die darin enthaltenen Rohstoffe extra verkauft werden und mein Diesel dann ohne Katalysator die dortige Luft verpestet. Das neue Auto enthält Lithium-Akkus, das teilweise in Südamerika gewonnen wird, wo bei der Produktion Unmengen von Grundwasser benötigt werden. Wie soll man diese Umweltzerstörung verhindern?

Lange habe ich mit meinen Schülerinnen und Schülern diskutiert, was sie unter Nachhaltigkeit verstehen und ihre Definition war ganz einfach und einleuchtend: „Wenn eure Generation so wirtschaftet, dass wir und unsere Kinder auch noch eine Chance zum Leben haben!" Das ist realistischer, als es die UNO 1987 definiert und man es in dem Fachbuch von Prof. Dr. Vieweg auf Seite 23 seiner Buchs [48] findet:

> Humanity has the ability to make development sustainable to ensure that is meets the needs of the present without compromising the ability of future generations to meet their own needs.

Diese Definition fordert, dass jede Generation ihre eigenen Bedürfnisse befriedigen darf, ohne dies den zukünftigen Generationen zu verbauen. Das bedeutet in meinen Augen, dass wir zwar die natürlichen Rohstoffe und Energiequellen nutzen können, aber dafür sorgen müssen, dass aufgrund des Bevölkerungswachstums alle künftigen Generationen einen gleich guten oder besseren Zugang zu diesen Ressourcen haben werden. Da sind wir im Moment ja sehr weit entfernt, denn die Methoden, die wir derzeit zur Steigerung der Effizienz der Landwirtschaft und der Wirtschaft nutzen, berücksichtigen wenig von unserer bereits vorhandenen Kenntnis über die ökologischen und ökonomischen Folgen. Bei der Implementierung von nachhaltigen Produktionen werden immer die wirtschaftlichen, die sozialen und die ökologischen Auswirkungen betrachtet. Ein gutes Beispiel für die Schule ist hier eine Diskussionsrunde zum Thema *Elektroauto oder Verbrenner?* , die jeder gerne auch mal in seinem Freundeskreis eröffnen kann, um zu schauen, was dann passiert.

Es wird noch viel zu diskutieren geben in den nächsten Jahren und wir sollten unsere Kinder nicht in dem Glauben lassen, dass die Ressourcen unbegrenzt sind und die Natur uns alles verzeiht. Auch wenn die Natur selbst das überleben wird, könnte das Milliarden Menschen das Leben kosten!

4.6 Ein Ende der Propaganda

In jedem Land wird das eigene politische System hochgelobt. Wer noch im Nazi-Regime oder in der DDR gelebt hat, hat die staatliche Propaganda tagtäglich mitbekommen und war stolz darauf, dem Führer bzw. dem Sozialismus zu dienen. Wie schon erwähnt, sind die Marokkaner stolz nicht für irgend jemanden zu arbeiten, sondern für Gott, den König und das Vaterland. Nach meiner Erfahrung brauchen die meisten Menschen eine solche sinnhafte Ausrichtung auf etwas, damit sie einen Antrieb haben, erblühen und ihr Glück finden. Umso wichtiger ist es, dass die Führung bzw. das ganze System die Menschen nicht verführt und für falsche Zwecke missbraucht, wie es im NS-Regime, im islamischen Staat und vielen anderen Diktaturen passiert ist. Westliche Systeme sind in der Regel nicht auf eine Person ausgerichtet. Unsere Verfassung bezieht sich auch nicht auf religiöse Grundsätze, sondern formuliert die Gebote und Verbote so, dass sie ein stabiles Fundament für eine offene und freie Gesellschaft sind und auf allgemeine ethische Normen zurückgreifen. Manchen ist das zu frei, anderen wiederum fehlt die Führungsperson und wieder andere sind auch mit diesen Regeln schon nicht einverstanden und steigen aus der Gesellschaft aus. Dies kann aus ganz verschiedenen Gründen passieren:

- Aussteiger führen oft an, dass sie irgendwo im Leben wirtschaftlich und oft auch in den Beziehungen gescheitert und nun lieber allein sind, als erneut in einer Firma zu arbeiten oder sich wieder in die Gesellschaft zu integrieren. Trotz des Wunsches nach Abstand und einem selbständigen Leben, sind sie doch auf Hilfe angewiesen, denn alleine können sie in Notsituationen nicht überleben. Hier ist unsere Barmherzigkeit und Mitmenschlichkeit gefragt.

- Fundamentalisten ist es relativ egal, was in der Verfassung steht. Sie bleiben innerhalb ihres Glaubenssystems und ihrer extremen Auslegung des Glaubens. Auf den Islam bezogen ist außer dem Salafismus in Deutschland auch immer mehr der legalistische Islamismus auf dem Vormarsch. Hier sind die Bücher von Schreiber lesenswert, der selbst fließend Arabisch spricht [49]. Erschreckend schon alleine der Titel der letzten Predigt in diesem Buch: „Ihr könnt nicht gleichzeitig sagen: Ich bin Demokrat und Schiit!"

- Rechtsradikale, kriminelle Familienclans und Vereinigungen wie die Reichsbürger lehnen die derzeitige Staatsform größtenteils ab, nutzen ihre Schwächen aus oder bauen ihre eigenen parallelen Gesellschaften mit deutlich autoritäreren Strukturen auf. Wöchentlich sieht man erschreckende Berichte hierzu im Fernsehen. Hier ist unsere Zivilcourage und volle Härte gefragt, auch wenn man, wie Guruji es betont, dabei verstehen muss, dass sie selbst Opfer eines falschen Erziehungsprozesses sind. Ohne das massiver Aufzeigen von Grenzen und eine Umerziehung kann ein friedliches Zusammenleben mit solchen Gruppierungen nicht gelingen.

Als Jugendlicher fand ich Filme wie *Top Gun* oder *True Lies* witzig und unterhaltend. Heute stoßen mir die klischeehaften Feindbilder und die Propaganda für Amerika und für den Einsatz von Waffen so stark auf, dass ich mir diese Filme nicht mehr anschaue. Wenn man mal eine Zeitlang im Ausland gelebt hat, und zwar nicht bei Verbündeten der Amerikaner, dann versteht man nach und nach, dass es auch im Westen Propaganda und zutiefst unmoralisches Verhalten gibt. Ein typisches Beispiel ist der Umgang mit Russland oder den arabischen Staaten. Der Westen will offenbar nicht, dass andere Staaten zu mächtig oder zu ernsthaften wirtschaftlichen Konkurrenten werden, deswegen versucht man durch gezielte Propaganda und verdeckte Aktionen, diese Staaten zu schwächen oder durch Hegemoniestreben die eigene Vorherrschaft in diesen Gebieten auszubauen und alle Konkurrenten dort zu verdrängen. In ihrem Buch *Eiszeit* [50] beschreibt die Historikerin und ehemalige Auslandskorrespondentin Dr. Gabriele Krone-Schmalz die Doppelmoral des Westens im Umgang mit Russland. Die russische Annexion der Krim wird immer wieder als Beweis der aggressiven Expansionspolitik Russlands angeführt, doch die Geschichte der Krim ist hochkomplex und in Wahrheit handelte es sich um eine Abspaltung der Krim unter russischem Einfluss, so die Autorin. Verschwiegen wird auch die Komplexität und jegliches Hegemoniestreben seitens der EU und ihrer Verbündeten, wie die Autorin es für Georgien (ab Seite 40) und Moldawien (ab Seite 65) anführt. Stattdessen suggerieren die öffentlichen Medien immer eine Schwarz-Weiß-Malerei: „Wir im Westen sind die Guten und Russland und seine Verbündeten die Bösen!" Diese Sichtweise hat aber gerade die beiden großen territorialen Konflikte in Europa, nämlich die Kriege in der Ukraine und in Syrien befeuert. In beiden Ländern trifft man auf sehr unterschiedliche Bevölkerungsgruppen, Interessen und Beziehungen ins Ausland. So kommt es noch heute zu einem Tauziehen der äußeren Mächte. Die Autorin schreibt, dass seit dem Zusammenbruch 1989 der Westen seine Werte, nämlich Demokratie, Menschenrechte, Rechtsstaatlichkeit und den Kapitalismus, durch einen *liberalen Imperialismus* in die Welt expandierte, dabei aber immer wieder der Versuchung unterlag, den eigenen Werten entgegen zu handeln, indem aktiv Regimewechsel herbeigeführt wurden, Propaganda gezielt gestreut oder sogar Gewalt angewendet wurde. Der *Joint Hometown News Service*, der eng mit dem Pentagon verwoben ist und seit 2009 vom einem ehemaligen Luftwaffenstützpunkt in Texas operiere, spiele den Medien Wort- und Bildberichte zu, die der harten Sichtweise der Militärs entsprach. Die Autorin beziffert die Summe, die die USA jährlich für diese Propaganda ausgeben, auf gigantische 4,7 Milliarden US-Dollar. Auch bei den aktuellen Konflikten versucht das Pentagon mit erheblichem Aufwand seine Sicht als die wahre zu verbreiten. Einen Gegenpol bilden heute Sender wie Sputnik und Russia Today auf russischer sowie Aljazeera auf arabischer Seite.

Die Autorin belegt auch in ihrem Kapitel „Wer bedroht wen?", dass Russland nicht immer der Aggressor ist, sondern auf die Bedrohung durch die NATO reagiert, welche permanent Tabus bricht und russische Sicherheitsinteressen dreist ignoriert. Bei den nackten Zahlen wird auch sofort klar, dass Russland nur versucht mitzuhalten, denn sein Militärbudget im Jahre 2015 betrug mit knapp 70 Milliarden US-Dollar etwa ein Neuntel des Militärbudgets der USA mit 611 Mrd. US-Dollar und etwa ein Viertel dem der Europäer mit 255 Mrd. US-Dollar in 2016. Die NATO versucht immer wieder an die russischen Grenzen vorzudringen und ehemalige Sowjet-Staaten in ihr Bündnis aufzunehmen, ungeachtet deren besonderer Bedeutung für Russland. Auch die Stärke der Streitkräfte im Jahr 2017 zeigt eine große Ungleichheit: Mehr als drei Millionen NATO-Soldaten stehen nur 831.000 russische Soldaten gegenüber, die zudem auch noch deutlich schlechter ausgestattet sind. Auch der Vergleich der Militärstützpunkte im Ausland zeigt, dass Russland mit elf Stützpunkten außerhalb seines Landes ein David ist im Vergleich zu den USA, die in mehr als 70 Ländern dieser Erde ihre Soldaten stationiert haben. Die Autorin fasst zusammen, wie enttäuschend es immer wieder ist, dass man Russland nicht auf Augenhöhe begegnet, wie es Obama einst versuchte, sondern es immer wieder vor vollendete Tatsachen einer NATO-Sicherheitspolitik stellt, die die NATO, würde Russland sich so verhalten, selbst so niemals akzeptieren würde. Man will also seitens der NATO zeigen, dass man der Stärkere ist und heuchelt der Welt vor, dass Russland der große Aggressor sei, um von den eigenen verwerflichen Aktionen, wie etwa in der Ukraine, abzulenken. Die Ukraine war nach dem Ende des Kalten Krieges zu einem neutralen Territorium erklärt worden. Nun aber brach der Westen Schritt für Schritt diese Vereinbarung mit Russland, indem er bereits 1997 die NATO-Ukraine-Charta verabschiedete und seitdem mit Russland ein Tauziehen um das Land begann. Dem Westen müsste eigentlich klar sein, dass ein Beitritt der Ukraine zur NATO ganz klar russische Sicherheitsinteressen verletzt. Trotzdem sind im Jahre 2004 allein aus dem US-Außenministerium 65 Millionen Dollar für die Unterstützung Juschtschenkos gegen Janukowitsch geflossen, so die Autorin. Außerdem waren 2005 nur etwa 16 Prozent der Ukrainer dafür, dass die Ukraine der NATO beitreten sollte.

Die Autorin fasst in einem sehr lesenswerten Kapitel zusammen, wie alles daran gesetzt wurde, um den Beitrittswillen zu steigern. Das EU-Assoziierungsabkommen, das im Jahre 2007 unter Juschtschenko begonnen worden war, hätte 2011 unterzeichnet werden sollen, was aber nicht geschah. Dieses Abkommen wurde ab 2013 von Russland heftig kritisiert, weil man seinerseits versuchte, die Ukraine in die eurasische Zollunion einzubinden. Als die Ukraine 2013 vor dem Bankrott stand, machte Russland das Rennen, indem es der Ukraine mit einem Milliardenpaket zur Seite stand. Präsident Janukowitsch sagte daraufhin im November 2013 das Assoziierungsabkommen endgültig ab, woraufhin es in Kiew zum Putsch gegen den Präsidenten kam, der als die *Maidan-Proteste* in die Geschichte einging und größtenteils vom Westen gesteuert wurde.

Durch die massive Verletzung von russischen Sicherheitsinteressen und der Interessen der Bevölkerungen der autonomen Provinzen der Ukraine mündete dies in den Ukraine-Krieg, in dessen Verlauf sicher beide Seiten schwere Fehler gemacht haben, wie die Autorin schreibt. Als die ersten US-Soldaten auf der Krim zu NATO-Manövern auftauchten, ohne dass die Ukraine NATO-Mitgliedsland war, war für Russland die rote Linie überschritten und seine Sicherheitsinteressen massiv bedroht. Seine Schwarzmeerflotte war nämlich seit langer Zeit in Sewastopol auf der Krim stationiert. Putin beendete dieses Spiel verständlicherweise durch die Abspaltung der Krim, die dann als völkerrechtswidrig geahndet wurde und zu den noch andauernden Sanktionen gegen Russland führte. Auch hier kann man wieder sehen, so die Autorin, dass der Westen sich nicht an seine eigenen Regeln und Normen hält und durch Propaganda seinen Imperialismus zu vertuschen versucht. Die USA und ihre Verbündeten dürfen Tag für Tag ihren Einfluss ausdehnen, aber Russland gesteht man nicht einmal zu, seine Sicherheitsinteressen zu verteidigen. Die EU sollte hier ihre eigene Politik einmal etwas ehrlicher reflektieren und ihre eigene Ignoranz überdenken!

Diese Schilderungen machen deutlich, dass auch wir in der eigenen Propaganda gefangen sind. Im Falle Russlands finde ich, dass nach der desaströsen Epoche unter Boris Jelzin der neue Mann vom KGB, Vladimir Putin, seinem Land treu gedient hat, indem er es unter schwierigsten Bedingungen wieder aufbaute und zu neuer Stabilität verhalf. Er versteht es, mit den mächtigen Oligarchen umzugehen und genießt unter ihnen großes Vertrauen. Aber Russland ist bei weitem keine Demokratie und es ist aus westlicher Sicht schockierend, wie die russische Regierung mit Oppositionellen und Regimegegnern umgeht:

Im März 2018 wurde ein Anschlag auf den ehemaligen russischen Doppelagenten Sergej Skripal und seine Tochter verübt. Beide wurden nach Erkenntnissen des westlichen Geheimdienste mit *Nowitschok* vergiftet und entkamen nur knapp dem Tod. Russland bestreitet, dieses Nervengift zu besitzen und hat sich im Jahre 2017 gegenüber der Organisation für das Verbot chemischer Waffen (OPCW) als frei von chemischen Kampfmitteln erklärt. Dieser Darstellung widerspricht vehement der russische Chemiker Wil Mirsajanow, der 1995 in die USA auswanderte. Die Nervengifte der Nowitschok-Familie seien Ende der 70er bis Ende der 80er-Jahre im Geheimen in der Sowjetunion entwickelt worden. Ende August 2020 wurde nun der Oppositionelle Alexei Nawalny mit Nowitschok vergiftet und in einer dramatischen Aktion nach Deutschland ausgeflogen und in der Berliner Charité untersucht und behandelt. Wenn man hier hoffentlich den Erkenntnissen der westlichen Behörden vertrauen kann, scheinen internationale Rechte hier gar nicht zu gelten und man verfährt mit ungeliebten russischen Staatsbürgern wie in einem James-Bond-Film. Das ist Staatsterrorismus! Russland weist alle Anschuldigungen von sich und spricht seinerseits von einer Verschwörung des Westens gegen Russland.

Für mich ist das russische Handeln gegen die eigenen Bürger genauso unverständlich wie das System der Korruption in Südamerika. Mein Bruder, der in der IT-Branche arbeitet und im Jahr mehrmals nach Russland fliegt, warnt jedenfalls eindringlich davor, irgendetwas im Internet zu veröffentlichen, was den Mächtigen dieser Welt, missfallen könnte. Er verweist immer darauf, dass jedes Datenpaket, das von einem Computer oder Smartphone los gesendet wird, von vielen Rechnern auf dieser Welt weitergeleitet wird, von denen mehr als die Hälfte in nicht demokratischen Staaten stehen und unerlaubt mithören könnten. Das ist auch die Botschaft des NSA-Whistleblowers Edward

Snowden, der seit 2013 in Russland Unterschlupf gefunden hat, weil er in den USA wegen Geheimnisverrat vor ein Militärgericht gestellt werden soll. Donald Trump sogar die Todesstrafe für ihn. Die ganze Geschichte erzählt der Thriller Snowden [51].

In Syrien sind die Verhältnisse komplizierter, so dass ich hier auf eine detaillierte Schilderung verzichte und auf das besagte Buch verweise. Grob zusammengefasst hat der Westen auch hier wieder auf einen Regimewechsel gesetzt in der naiven Vorstellung, dass sich eine Demokratie schon von ganz alleine entwickelt, auch wenn hier eine Minderheit regiert, die Bevölkerung sehr heterogen ist und die unterschiedlichsten Interessen vertritt. Russland will seinen Zugang zum Mittelmeer nicht verlieren. Es hat zudem aus dem Fall Libyens gelernt und die Heuchelei genaustens beobachtet, die der Westen da zutage gelegt hat. Es möchte nicht noch einen weiteren *failed state*, wie etwa Afghanistan oder den Irak, in der Nähe haben und unterstützte daher den Präsidenten Assad, wohl wissend, dass dieser mit harter Hand seine Autorität verteidigt, aber trotz des Bürgerkriegs versucht er die öffentliche Ordnung weiterhin aufrecht zu erhalten. Es gibt auch im Jahre 2020 immer wieder Treffen und Absprachen, zuletzt zwischen Putin und dem türkischen Präsidenten Erdogan, der ganz eigene Interessen in Syrien vertritt, nämlich weiterhin einen Kurdenstaat zu verhindern.

Anfang 2020 beschloss das irakische Parlament, alle ausländischen Truppen aus dem Land zu werfen, weil die USA General Chassem Soleimani, den Anführer der Al-Kuds-Brigaden im Iran, Anfang 2020 durch einen Drohnenangriff getötet hatten. Die geheimen Daten über den rechtsverletzenden Drohnenkrieg, der seit Obama im nahen Osten geführt wurde, hatte Snowden auf Wikileaks veröffentlicht. Auch hier floss massiv Geld, damit dieser Beschluss zurückgenommen wird. Die USA betreiben im Irak die größte Botschaft im ganzen Nahen Osten. Wenn die Amerikaner für diese unüberlegte Aktion Trumps ganz abziehen müssen, hätte das Ganze immerhin auch etwas Gutes gebracht.

Auf der anderen Seite sind die Aktivitäten des Iran im Libanon, Syrien und im Jemen ebenfalls brandgefährlich und verstoßen teilweise gegen das Völkerrecht. Man denke beispielsweise an seit Jahren andauernden Krieg im Jemen, wo ein Teil Sunniten gegen Schiiten kämpfen. Der Jemen bestand bis 1990 aus zwei Staaten, wo die Religionsgemeinschaften getrennt waren. Auch hier hat der Arabische Frühling zur Destabilisierung des Landes geführt, Präsident Saleh musste abdanken, die Spaltung wurde aber unter seinem Nachfolger noch größer. Die vom Iran unterstützten Huthi-Rebellen standen einer saudisch geführten Koalition entgegen. Auch dieser Konflikt weitet sich zu einem Stellvertreterkrieg mit Millionen von Flüchtlingen aus. Immer mehr Menschen erleiden bittere Not. Der Iran versucht alles, um die Sunniten und den Staat Israel zu schwächen. Deswegen ist er international weitgehend isoliert und leidet seit Jahrzehnten unter diversen Embargos.

Des weiteren beunruhigt mich, dass der Trump-Plan von 2019 Israel bei einer immer größeren Besetzung der Palästinensergebiete unterstützt. Ich frage mich, wie wir als Deutsche reagieren würden, wenn ein Bundesland von einem Nachbarstaat besetzt werden würde. Außerhalb der Grenzen Israels auf palästinischem Gebiet leben 700.000 jüdische Siedler in 350 Siedlungen. Diese Besiedlung wurde zuletzt 2016 in der Resolution 2334 des UN-Sicherheitsrates völkerrechtlich als illegal eingestuft. Auch das oberste Gericht Israels hält die Enteignungen im Westjordanland für verfassungswidrig. Trotzdem fährt die israelische Regierung mit der Besetzungspolitik fort, was ich als Muslim überhaupt nicht nachvollziehen kann. Ich teile zwar nicht die Auffassung, dass man sich mit Gewalt wehren soll, kann aber die Wut und den Frust, den die Palästinenser seit Generationen verspüren, absolut nachvollziehen. Hier wird leider immer wieder klar, wie schwach die Resolutionen der UN sind und wie folgenlos sie auch nach Jahrzehnten noch bleiben können.

Ich bin mir bewusst, dass meine politischen Betrachtungen nicht ausgewogen sind und halte mich daher im Unterricht mit solchen Dingen weitgehend zurück. Die politischen Absichten der russischen Politiker sind genauso eigennützig, wie die der Amerikaner, auch wenn letztere sich gerne als das auserwählte Volk sehen. Es wäre auch fatal, das Verhalten anderer Nationen schlechtzureden und das der eigenen Nation in den Himmel zu loben. Nur ein Narr würde dies tun! Ich wollte hier nur einen Einblick geben, das es sehr verschiedene Deutungen zu gibt, wie z.B. bezüglich der Veröffentlichungen der Mohammed-Karikaturen aus Sicht der westlichen und der muslimischen Welt, von denen man kaum eine Vorstellung hat, wenn man immer nur im Westen gelebt hat. Der finnische Außenminister hat es im Oktober 2020 in etwa so ausgedrückt:

> Einen Juden zu beleidigen ist Antisemitismus!
> Eine Frau zu beleidigen ist Seximus!
> Einen Schwarzen zu beleidigen ist Rassismus!
> Den Islam und seine Werte zu beleidigen,
> das ist Redefreiheit!

Ich möchte aber anmerken, dass ich mich trotz aller Kritik an diesem Verhalten von jeglichen Rachehandlungen distanziere, weil sie unislamisch und anmaßend sind! Es obliegt allein dem Göttlichen, globales Unrecht zu rächen.

4.7 Zukunftsutopien

Kürzlich hatte ich in der Nacht von Donnerstag auf Freitag einen Traum, an den ich mich morgens wie immer klar erinnern konnte. Ich war auf einem Weingut bei einem Freund zu Gast. Dort machte auch ein seltsames Wesen Urlaub, das ich nicht näher beschreiben kann, sich aber als außerirdisch zu erkennen gab. Ich wollte den Besucher fragen, wie sein Raumschiffantrieb funktioniert und woher er die ganze Energie bezieht. Er antwortete nicht, sah mich aber intensiv an. Nach einer Weile kapierte ich, dass er meine Frage wohl verstanden hatte, aber nicht in meiner Sprache antworten konnte und es stattdessen mit Gedankenübertragung versuchte. Ich versetzte mich also in einen meditativen Zustand und erhielt sogleich die Antwort:
„Wir werden es euch zeigen, wenn ihr erwachsen geworden seid und eure Atomwaffen vernichtet habt!"

Meine Schülerinnen und Schüler fragen mich oft, ob ich an außerirdische Lebewesen glaube. Nun, ich halte es nicht für ausgeschlossen, eher sogar für wahrscheinlich. Frank Drake hat mit seinem SETI-Programm diese Frage in den 60er Jahren untersucht und seine berühmte Gleichung aufgestellt, die abschätzen sollte, wie viele bewohnte Planeten es wohl im Universum gäbe. Die Antwort ist sehr ungenau und praktisch ohne Bedeutung, denn selbst wenn es einen bewohnten Planeten in unserem Nachbarsystem Proxima Centauri gäbe, dann wäre die Distanz dorthin nahezu unüberwindbar. Die einzige Möglichkeit wäre, dass diese außerirdische Zivilisation der unsrigen schon so weit überlegen wäre, dass sie problemlos zur Erde reisen und uns bei unserer Entwicklung helfen könnte. Das war 1974 wohl auch die Überlegung beim Aussenden des SETI-Funkspruchs und der Voyager-Sonde, die eine Metallplatte mit sich trug. Beide enthielten Informationen über die Menschheit, die zur Kommunikationsaufnahme dienen sollten. Die Schüler fragen dann sofort: „Und was ist, wenn diese Zivilisation von Außerirdischen uns überlegen und feindlich gesinnt ist? Dann haben sie gleich die nötigen Informationen, wie sie uns ausrotten können!" Genau das war auch damals die Kritik an dieser Aktion. Aber man geht davon aus, dass eine Zivilisation, die sich über viele Jahrtausende entwickelt hat und über ein derartiges Potenzial verfügt, auch eine hohe ethische Entwicklungsstufe hat, sonst hätte sie sich schon selbst ausgelöscht. Hoffen wir mal, dass die Menschheit auch diesen Sprung schafft und nicht wieder in alten Mustern stecken bleibt!

Ich denke, wir sind uns alle einig, dass uns in den nächsten Jahrzehnten folgende Ziele leiten sollten:

- Die Vermeidung eines globalen dritten Weltkriegs, bei dem Atomwaffen und durch künstliche Intelligenz gesteuerte Waffensysteme zum Einsatz kämen

- Der Verzicht auf künftige Atomwaffentests (von denen die USA allein 1030 in der Vergangenheit absolviert haben!) und die Vernichtung aller existierenden Atomwaffen

- Die Bekämpfung des Hungers in der Welt und Sicherung einer Existenzgrundlage für alle Menschen

- Die Analyse und Regulierung von Kapitalströmen in der Art, dass alle ein Auskommen haben und sich das Kapital schwer anhäufen kann[4]

---

[4]Ich denke etwa an eine effiziente Kapitalsteuer, die einer Kumulierung des Kapitals entgegenwirkt.

- Eine weitere Öffnung der Gesellschaften und ein Förderung des internationales Austauschs zur Bekämpfung von Rassismus und Ängsten vor Fremden

- Klare ethische Standards, nach denen Menschen in Führungspositionen, Firmen und Staaten handeln sollen und an denen sie auch gemessen werden

- Das Prinzip der Nachhaltigkeit in den Fokus unseres Handelns zu rücken, insbesondere was die Wirtschaft und Energiegewinnung betrifft

- Aktiven Naturschutz und Ressourcenschutz zu betreiben und da, wo wir es noch können, unsere Fehler der letzten Jahrzehnte zu reparieren, insbesondere was die Veränderungen in der Erdatmosphäre angeht[5]

Ich brauche nicht zu wiederholen, dass es viertel vor Zwölf ist, um die im UN-Bericht [30] aufgelisteten Missstände zu beheben. Der UN-Generalsekretär Antonio Guterres forderte Mitte 2020, also inmitten der Corona-Krise, welche ich im fünften Kapitel noch diskutieren werde, eine *neue Weltordnung*. Jedes Jahr wird der Prometheus der Technik, vor dem Hans Jonas warnt [5], mehr entfesselt und die Menschheit und jeder Einzelne kann viel mehr bewirken als in den Jahren zuvor. Aber es kommt nicht nur auf Effizienz an, sondern auch darauf, was wir bewirken. Die ethische Dimension unseres Handelns wird immer wichtiger und insbesondere die Frage nach der Nachhaltigkeit: „Machen wir die Welt ein bisschen besser oder beuten wir sie wieder ein bisschen mehr aus?"

---

[5]Ich vermeide bewusst das Reizwort „Klimaschutz", weil auch einige Wissenschaftler sagen, dass man das Klima gar nicht schützen kann.

Je mehr Menschen und je mächtiger wir werden, desto vorausschauender müssen wir handeln! Wir können nicht warten, bis alle Bienen ausgestorben sind, um dann mit dem Insektenschutz zu beginnen. Wir müssen unsere Atmosphäre jetzt schützen, solange sie noch einigermaßen intakt ist und wir die Luft noch atmen können! Wie ich in Kapitel 3 bereits dargelegt habe, sind wir Teil des Lebensnetzes. Wir müssen gut verstehen, dass unsere Freiheit da endet, wo wir einer anderen Lebensform schaden. Es wird keine weitere wirtschaftliche Entwicklung mehr geben ohne eine globale Ethik, die alle Bereiche umfasst, wie sie die Stiftung Weltethos um den Theologen Hans Küng entwickelt [52]. Ähnlich wie der Islam damals die Ethik für die Entwicklung einer ganzen Region gelegt hat, so muss uns nun diese globale Ethik vor der eigenen Vernichtung bewahren.

„Wir müssen uns den Regeln dieser Welt ergeben! Keiner kann auf Dauer einen Vorteil haben, wenn er gegen die Gesetze des Universums handelt!" Das hat nicht nur Meister Ueshiba so ausgedrückt. Für mich entspringt dies aus der Ergebung dem Göttlichen. Man könnte es als einen *universellen Islam* bezeichnen, aber das ruft bei vielen Menschen negative Assoziationen hervor. Wie wir unser Programm auch immer nennen, es sollten alle Menschen mit ihren Wertesystemen mitgenommen werden, die konstruktiv und altruistisch auf ein Ziel hinarbeiten. Extreme Kulte und Radikale sind also ausgenommen und nicht in diese Bewegung integrierbar. Diesbezüglich gibt bereits der Quran ganz klare Warnungen heraus, deshalb sollte man sich keine falschen Vorstellungen machen, dass man alle Menschen bei einer solchen Bewegung von universeller Spiritualität mitnehmen könne. Hierzu noch eine schöne Geschichte, die ich im Internet ohne Quellenangabe gefunden habe:

Ein europäischer Forscher bot hungrigen Kindern eines afrikanischen Stammes ein Spiel an. Er stellte einen Korb mit süßen Früchten an einen Baum und sagte ihnen, dass derjenige, der zuerst am Korb sei, das ganze Obst gewinne. Als er ihnen aber das Startsignal gab, geschah etwas Unerwartetes. Die Kinder schauten sich an, nahmen sich gegenseitig an den Händen und liefen dann gemeinsam los. Sie setzten sich auch alle zusammen um den Korb und genossen die Leckereien. Auf seine Frage, weshalb sie denn nicht einzeln gelaufen seien, antworteten sie: „*Ubuntu!*" Dies bedeutet: „Ich bin, weil wir sind!" Es drückt aus, dass ein Einzelner unmöglich froh sein kann, wenn alle anderen traurig sind.

Ich denke, genau das wollten uns die Gesandten Gottes lehren! Wie kann ein Einzelner mit so viel Reichtum glücklich sein, wenn nebenan bittere Armut herrscht? Am krassesten fällt mir das immer in meiner Lieblingsstadt Rio auf, wo herrschaftliche Häuser neben Favelas stehen oder Menschen unwürdig ihr Dasein auf der Straße fristen. Ein Freund aus Deutschland, der mich bei dieser Reise begleitete und der sich auf die ganzen Schönheiten Rios gefreut hatte, war so geschockt, als er nachts einen Bettler auf dem Bürgersteig unter einer Tüte schlafen sah. Er fragte mich: „Wie kann die Gesellschaft das zulassen? Wie können die Leute hier einfach so vorbeilaufen? Woher weiß ich, dass dieser Mann überhaupt noch lebt und nicht schon seit Tagen hier liegt?" Bettler sieht man in nahezu allen Großstädten. Gleich welcher Religion wir angehören, sollten wir uns immer wieder fragen, ob wir genug tun, damit auch andere eine Chance zum Wachsen haben und ob wir nicht etwas abgeben können. Erst dann wird sich die Welt wahrhaftig verändern!

5 Stresstest Corona

„Führt der Weg zur umfassenden Erkenntnis nur über eine Krise, die alles bis auf die Grundfesten erschüttert?" Ich würde diese Frage mit einem klaren „Ja!" beantworten, denn trotz aller guten Vorsätze, die jeder Einzelne und viele Gruppen sich genommen haben, fehlt die Kraft zu einer globalen Umsetzung. Trotzdem hat man das Gefühl, dass es kein Zurück mehr gibt. Schlechte Nachrichten kommen tagtäglich aus aller Welt und man hat das Gefühl, dass das nächste Upgrade der Menschheit bevorsteht. Wir müssen noch einmal alles geben, um das nächste Level, die nächste Stufe zu erreichen. Und plötzlich ist da wieder diese Angst vor dem Scheitern für alle, die das Spiel nicht meistern.

5.1 Die erste Welle

Ich werde diesen Tag nie vergessen: Freitag, der 13. März 2020. Es war der Tag, an dem die *Coronakrise* in Deutschland schlagartig omnipräsent war! Ich ging zur ersten Stunde in die Schule, um meinen Bereitschaftsdienst zu absolvieren. Es fiel keine Vertretung an. Alles schien normal und ruhig, wären da nicht die Nachrichten der letzten Tage gewesen mit den schrecklichen Berichten aus Norditalien, wo Ärzte es nicht mehr schafften, die an der neuartigen Lungenkrankheit SARS-COVID-19 schwer erkrankten Menschen zu retten. Diese Lungenentzündung wird durch einen neuen und offensichtlich noch intelligenteren Stamm von Coronaviren ausgelöst, der seit Ende Dezember 2019 in der chinesischen Stadt Wuhan aufgetreten war. Dies hatte in China schon zu beispiellosen Aktionen geführt, die man nur von den vorherigen Ebola-Ausbrüchen in Afrika kennt: Ganze Distrikte wurden abgeriegelt, Notfallkrankenhäuser innerhalb weniger Wochen neu aus dem Boden gestampft und Ärzte und medizinisches Personal wurden in weiße Schutzanzüge mit Atemmasken gesteckt. In den Nachrichten sah dies alles sehr gespenstisch aus, aber es war ja noch weit weg, und der ein oder andere dachte sicherlich auch: „So etwas passiert uns in Deutschland nicht! Wir vertuschen so etwas nicht, wie China es schon seit Dezember getan hat. Wir gehen professionell damit um. Ich denke mir: „Naja, die deutsche Gründlichkeit hat uns nicht immer gerettet, sondern auch manchmal noch tiefer in die Scheiße getrieben, wie im Zweiten Weltkrieg die hoch organisierten Vernichtungslager der Nazis."

Meine Schwester schickte mir heute auf dem Handy einen Link zum Bericht von Dr. Macchini, einem Schweizer Arzt, der in Bergamo (Norditalien) in einer Notfallambulanz für COVID-19-Infizierte arbeitet. Er schreibt verzweifelt von Zuständen, in denen das medizinische Personal überfordert ist. Allein diesen Sonntag sind mehrere Hundert Menschen gestorben. Die Ärzte müssen eine sog. *Triage* machen, also eine Abwägung, wen man noch am ehesten retten kann und wen man besser sterben lässt. Ich bin sehr geschockt, denn das klingt wie der Bericht aus einem Feldlazarett oder aus den Zeiten, in denen Lepra oder die Pest grassierte. Noch vor ein paar Monaten haben meine Frau und ich dort Urlaub gemacht und das Mailänder Leben genossen und ein paar schöne Sachen eingekauft. In unserer modernen Industriegesellschaft haben die meisten Menschen den Tod meist aus ihrem Kopf verbannt, obwohl wir alle wissen, dass wir alle

diese Welt in wenigen Jahren wieder verlassen werden. Sofort
fällt mir Psalm 103:14-16 ein, den der Priester an fast jeder
Beerdigung vortrug:

> Denn Er weiß, was wir für Gebilde sind,
> Er denkt daran: Wir sind nur Staub.
> Des Menschen Tage sind wie Gras,
> er blüht wie die Blume des Feldes,
> fährt der Wind darüber, ist sie dahin,
> der, wo sie stand, weiß von ihr nichts mehr.

„Aber kampflos werden wir uns nicht ergeben! Wie heißt es
im Islam: Vertraue auf Gott, aber binde dein Kamel an!" Anstatt also im Lehrerzimmer herumzusitzen und Nachrichten zu
studieren, versuchte ich mich nützlich zu machen und griff den
Vorschlag eines Kollegen auf, die Türgriffe zu desinfizieren. Mit
einem Eimerchen Desinfektionslösung zog ich von Klassenzimmer zu Klassenzimmer und wusch die Griffe außen wie innen ab.
Viele Schüler beobachteten mich irritiert durch den Türspalt,
wenn ich die Tür bei laufendem Unterricht kurz öffnete und
mich für die Störung entschuldigte. Andere meinten: „Machen
Sie das nicht! Wir wollen doch schulfrei haben, wenn der erste
bestätigte Fall auftritt!" Offensichtlich war ihnen die Ernsthaf-
tigkeit der Situation noch nicht bewusst, was ihnen aber auch
nicht zu verdenken war, denn für junge Menschen verlief diese
Infektion ja meistens harmlos.
Die zweite Stunde, Physik in der Oberstufe, verlief wie normal.
Wir machten Experimente und die Schüler hatten viel Spaß dabei. Kurz vor Ende der Stunde sagte mir meine innere Stimme,
dass wir uns so bald nicht wiedersehen würden und ich erklärte
den jungen Damen und Herren, wie wir uns via Videokonferenz
vernetzen könnten. Die Schüler fanden das spannend und freuten sich sogar darauf.

In der Pause schlug dann die Bombe ein! Es gab im Lehrerzimmer eine große Krisensitzung, das Thema waren die Kursfahrten, die für dieses Schuljahr komplett abgesagt werden sollten. Es regte sich starker Protest, andere wiederum unterstützten die Maßnahme. Allen stand deutlich das Entsetzen im Gesicht, weil nun immer klarer wurde, welche drastischen Einschnitte die anrückende Pandemie haben würde.

Ich ging zurück in den Unterricht, eine Doppelstunde Physik. Nur die Hälfte der Klasse war anwesend, der Rest war wohl vorsorglich zu Hause geblieben. Allen ging die Angst vor der Pandemie durch den Kopf. Wir sprachen eine Viertelstunde darüber und versuchten dann uns den Experimenten in der Elektronik zuzuwenden. Ich hatte das Gefühl, dass es gut wäre, so viel Normalität wie möglich zu haben. Den Jugendlichen tat es gut, wenn sie am Experimentieren waren. Stolz sammelten sie die Messwerte an der Tafel und wir machten ein Foto, das wir den zu Hause gebliebenen schickten. Kurz überlegten wir noch, ob wir ein YouTube-Video vom Experiment drehen sollten, aber die Zeit war zu knapp. Dann klingelte es zur großen Pause und es war eine Riesenaufruhr auf den Fluren zu spüren. „Haben Sie es schon gehört? Die Schulen werden geschlossen!!!", rief mir eine Schülerin zu. Alle jubelten und freuten sich, weil die Schließung bis zu den Osterferien gelten sollte. „Aber was ist mit den Kursarbeiten, die nächste Woche geschrieben werden sollen und den mündlichen Abiturprüfungen?", schoss es sofort in meinen Kopf. Alles, was wir so mühevoll erarbeitet und geplant hatten, schien zusammenzufallen wie ein Kartenhaus. Doch Noten waren jetzt nur noch Nebensache, wichtig war, dass wir alle gesund durchbekommen würden und vor allem die älteren und kranken Leute schützten. Eigentlich hätte man jetzt alle nach Hause schicken können, denn keiner war mehr gedanklich in der

Schule, sondern alle malten sich aus, was sie die nächsten Wochen so alles Schönes machen würden. Aber es fanden dennoch irgendwie die letzten zwei Stunden statt. Ich fuhr nach Hause, um etwas zu kochen und schaute dabei die Nachrichten. Die Bundesregierung kündigte in ihrer Pressekonferenz umfassende Maßnahmen zur Eindämmung der Krisensituation an: Milliarden von Euro sollten als Soforthilfe bereitgestellt werden und Kredite in unbegrenzter Höhe wurden in Aussicht gestellt. Die Krise sei schwerwiegender als die Finanzkrise im Jahr 2008, so die Bundeskanzlerin.

Das erweckte in mir wieder Erinnerungen an Argentinien, an die unkontrollierbaren Probleme nach unserer Übersiedlung und die vielen Situationen danach, wie den Großbrand auf den Feldern vor Buenos Aires, den apokalyptischen Hagel und die Schweinegrippewelle im Juli 2009, kurz vor unseren Winterferien. Irgendwie hatte ich gehofft, nach unserer Rückübersiedlung nach Europa, in die erste Welt, welche sich Milliarden-Hilfspakete leisten kann, diese ganzen Probleme hinter mir lassen zu können. Doch nun waren sie durch die Globalisierung auch hier angekommen. Noch schlimmer war für mich nun zu wissen, dass meine Freunde in den Schwellenländern keinen finanziellen Schutzschirm und ausreichend Betten auf den Intensivstationen haben würden. Es war rührend, ständig Messages mit besorgten Fragen aus Brasilien und Argentinien zu bekommen, ob es uns noch gut ginge, oder ob schon jemand aus der Familie auf der Intensivstation läge. Gott sei Dank war dem noch nicht so! Ich schrieb zurück, dass sie selbst extrem vorsichtig sein und an ihren eigenen Schutz denken müssten. Der Lockdown könnte sich über Monate hinziehen, manche sprachen sogar von Jahren. Was für eine Horrorvorstellung!

Ich rief meine Eltern an, um ihnen einzuschärfen, dass sie in die Weinberge gehen und sich von den Enkeln und anderen Leuten fernhalten sollten. Mein Vater antwortete mir, dass er sich nicht vorstellen könne, bis zu den Sommerferien auf Familienkontakte zu verzichten. Ich wies ihn auf die Situation in Norditalien hin, wo Ärzte schon eine Triage machen müssten. Er meinte nur, das sei doch klar, dass die Jüngeren Vorrang hätten. Er erzählte mir von einem Vorfall, der vor einigen Jahre in der Nähe stattfand: Eine Gruppe von Kindergartenkindern war mit ein paar Betreuern in den Wald gegangen, als sie einen Notruf absetzen mussten. Ein Kind war auf einen Stapel herumliegender Baumstämme geklettert, um darauf zu balancieren. Die Baumstämme gerieten ins Rollen und das Kind sowie ein Betreuer wurden sehr schwer verletzt. Ein Hubschrauber kam und natürlich schickte der Notarzt das Kind mit dem Hubschrauber in die Uniklinik, nicht den älteren Betreuer. Aber dennoch starb das Kind und der Betreuer überlebte. Es liegt also letztendlich nicht in unserer Hand, wann wir diese Welt betreten und wann wir sie verlassen, auch wenn wir alles versuchen, um dem Kranken zu helfen. Wir sollten alle Gottvertrauen haben und uns bewusst werden, dass wir unser Mögliches tun sollten, um ein Unglück zu vermeiden, aber letztendlich entscheidet das Göttliche, so dass wir auch ein Stück loslassen können.

5.2 Wir müssen alle zusammenhalten

Nach den Abendnachrichten am 18. März 2020 hielt die Bundeskanzlerin, Angela Merkel, zum ersten Mal in ihrer fünfzehnjährigen Amtszeit, abgesehen von den routinierten Neujahrsansprachen, eine *Rede an das Volk*. Die offizielle Zahl der Corona-Infizierten war auf über 10.000 gestiegen und stieg weiterhin exponentiell an. Sie dankte all denjenigen, die Tag für Tag im Gesundheitssektor Dienst tun, obwohl sie teilweise sehr erschöpft sind und das Risiko einer Ansteckung tragen. Die Bevölkerung rief sie eindringlich auf, die Maßnahmen mitzutragen und voneinander Abstand zu halten und generell die Bewegungen und Begegnungen so weit, wie es nur geht, einzustellen, auch wenn das schwer fiele. Die EU hatte mit dem heutigen Tag ihre Grenzen geschlossen und ließ keine Nicht-EU-Bürger mehr ins Land. Alle Maßnahmen waren dazu da, das exponentielle Wachstum, das mir als Mathelehrer leider bestens bekannt war, zu bremsen und auf eine möglichst abgeflachte Kurve der Erkrankten hinzuarbeiten, damit die Menschen versorgt werden könnten, bei denen sich die Erkrankung lebensbedrohlich entwickle. Sie verhängte kein Ausgehverbot, wie in einigen anderen EU-Staaten, sondern vertraute den Bürgerinnen und Bürger.

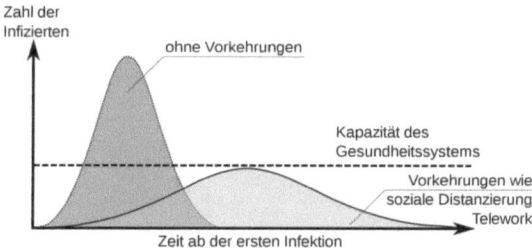

Abbildung 5.1: Die Infektionskurve abflachen! [53]

Die notwendigen Gänge zum Arzt und zum Einkaufen von Lebensmitteln müssten weiterhin gestattet bleiben, alles andere sollte unterlassen werden. Es seien ein Abstand von 1,50m und die Hygieneregeln zu beachten und Körperkontakte zu minimieren. Das alles sei notwendig, damit wir unser Gesundheitssystem nicht überlasten, weil dann unnötig Menschen sterben müssten. Sie sagte auch, dies wäre die schwierigste Krise seit dem Zweiten Weltkrieg, daher sollten wir uns anstrengen, sie zu meistern.

Spätestens mit dem heutigen Tag war jedem Bundesbürger und jeder Bundesbürgerin der Ernst der Lage bewusst. Das Robert-Koch-Institut (RKI) warnte davor, dass die Zahl der Infizierten innerhalb kürzester Zeit bis auf zehn Millionen ansteigen könnte und die Epidemie sich schlimmstenfalls über zwei Jahre hinziehen könne, bis alle hinreichend immun sind. Bis jetzt sei nicht einmal sicher, ob man nach Genesung wirklich immun sei. Erste chinesische Studien an Rhesus-Affen zeigten zwar Hinweise, dass dies der Fall sein könne. Aber solange noch nicht 70 bis 80 Prozent der Bevölkerung entweder durch eine überstandene Infektion oder durch eine zukünftige Impfung immun würden, könne die Pandemie jederzeit wieder ausbrechen, Millionen von Opfern fordern und die Wirtschaft lahmlegen. Es ging eine große Angst in der Bevölkerung um, dass diese Seuche komplett außer Kontrolle geraten und große Teile der Weltbevölkerung ausrotten könnte!

5.3 Die Menschheit erwacht

Es war, als ob die Natur uns schachmatt gesetzt hätte, um uns zu sagen: „Denkt nach, ihr Menschen! So geht es nicht weiter! Entweder ihr lernt nachhaltig zu wirtschaften und euch wieder in den ewigen Kreislauf einzufügen oder ich werde euch so stark dezimieren, bis ihr keinen Schaden mehr anrichten könnt!" Man wusste nicht, ob die Krankheit ein Fluch ist oder einfach nur eine Warnung, denn wie ich bereits zuvor schon bemerkte, ist meine tiefste Überzeugung, dass wir die Erde nicht vernichten können. Das Lebensnetz ist so konstruiert, dass wir uns eher selbst vernichten, wenn wir nicht unsere Ignoranz aufgeben und ein tieferes Verständnis für unsere eigene Existenz erreichen. Wir hatten im Frühjahr 2020 die Wahl zwischen ...

... die Wirtschaft völlig zu ruinieren und damit eine Situation wie 1929 herbeizuführen. Dann hätte die Gefahr bestanden, dass große Teile der Bevölkerung die Arbeit verlieren und das politische Spektrum noch radikaler wird.

... das Solidaritätsdogma aufzugeben und die Alten, Schwachen und Kranken zu opfern und damit eine ähnliche Situation wie während der Spanischen Grippe 1918 herbeizuführen[1].

Es war also eine klassische Wahl zwischen Pest und Cholera, die zudem mit viel Unwissenheit und Angst gewürzt war. Dirk Müller, alias Mr. Dax, hatte schon vor Jahren vor dem großen Crash gewarnt und nun Recht behalten, was ihn sogar selbst erschreckte. Er warnte davor, dass sich die Gesellschaft noch mehr

---

[1]Diese Seuche wurde übrigens von US-Soldaten nach Europa eingeschleppt. Man könnte sie also gemäß der Trumpschen Redeweise als US-Seuche bezeichnen!

spalten würde, weil am Ende des Crashs die Reichen, die trotz der Krise noch Geld hätten, dann alles billig aufkaufen könnten. Ein bisschen war das natürlich auch Werbung für seinen eigenen Fonds, aber er hatte nicht unrecht. Jeder von den vielen Menschen, die während der Krise bis zur Erschöpfung geschuftet hatten, müsste nun als Dank Anteile an einem solchen Fonds erhalten, nicht die Reichen.

Hier ein kleines *Tagebuch* zur ersten Welle: [54]

31.12.19 Bestätigung des Ausbruchs einer neuen Lungenentzündung mit noch unbekannter Ursache in Wuhan in China

30.01.20 Der WHO-Generaldirektor Ghebreyesus erklärt das Vorliegen einer gesundheitlichen Notlage internationaler Tragweite

08.03.20 Die Bundesregierung arbeitet in Rekordzeit an Gesetzen zum Schutz der Wirtschaft

11.03.20 Covid-19 wird von der WHO als Pandemie eingestuft

13.03.20 Lockdown in Deutschland inkl. der Schulschließungen

14.03.20 Das Gesetz zur Kurzarbeit tritt in Kraft, das verhindern soll, dass die Unternehmen aufgrund des Lockdowns massiv Leute entlassen.

19.03.20 Es werden 40 Milliarden Euro an Finanzhilfen für Kleinstbetriebe bereitgestellt.

23.03.20 Die Schuldenbremse wird zeitweise außer Kraft gesetzt, da der Bund sich aufgrund der Pandemie massiv verschulden

muss. Zwei Tage später wird ein Nachtragshaushalt verabschiedet, der 100 Milliarden neue Schulden beinhaltet.

02.04.20 Resolution der UNO zu mehr multilateraler Zusammenar-
beit angesichts der Covid-19-Pandemien, außerdem höchste Neuinfektionsrate in Deutschland mit 6900 Neuinfizier-
ten pro Tag, danach fällt die Infektionsrate

09.04.20 Der ESM gewährt den EU-Staaten Notkredite bis zu einem Gesamtvolumen von 240 Mrd. Euro und die EIB stellt
200 Mrd. für das europäische Kurzarbeitergeld bereit.

30.04.20 Erste Lockerungswelle in Deutschland

06.05.20 Zweite Lockerungswelle in Deutschland, in den USA, Südamerika, Afrika und nun auch Indien breitet sich das Virus
mit immer höherer Geschwindigkeit aus

29.06.20 Der Bundestag beschließt das Corona-Konjunktur-Pro-
gramm und ein einmaliges zusätzliches Kindergeld von 300
Euro pro Kind.

Vieles wurde getan und Deutschland war hier im Vergleich
zu den USA oder anderen großen Industriestaaten im Kri-
senmanagement sehr vorbildlich, aber viele Menschen blieben
dennoch auf der Strecke und viele Fragen ungelöst: Was machen
die Zirkusse, die Künstler und Musiker, die normalerweise vor
großem Publikum auftreten? Was machen die Menschen im
Rotlichtmilieu und andere am Rande der Gesellschaft? Was
bringt es dem Händler, der seinen Laden nicht öffnen darf,
einen günstigen Kredit zu bekommen, wenn das Geschäft schon
vorher mäßig lief und er sich nun auch noch verschulden muss?
Man sieht, dass besonders während solcher Krisen wieder

Fragen der Wirtschaftsethik ganz stark im Vordergrund stehen sollten und die Regierungen für einen gerechten Ausgleich sorgen müssen. Trotzdem war diese Krise sehr schwer zu managen, weil nicht wie im Jahre 2008 nur die Banken strauchelten und gerettet werden mussten, sondern diesmal war es die ganze Realwirtschaft, die nun auch das Finanzsystem mit in die Krise zog. Der Wirtschaftseinbruch war noch nicht abzuschätzen. Auch die Notenbanken konnten da wenig tun, um die Wirtschaft wieder in Gang zu bringen, denn solange das Virus unterwegs war und Angst und Schrecken brachte, traute sich keiner, große Käufe oder Investitionen zu tätigen. Es blieb wirtschaftlich ein schwieriger Zustand!

Doch die Katastrophe sollte erst noch kommen! Der Peak der ersten Erkrankungswelle wurde in Deutschland Mitte März 2020 erreicht. In den Krankenhäusern Italiens herrschten zu dieser Zeit teilweise schon Zustände wie in einem Kriegs-Lazarett. Italien verzeichnete mehr Tote als China - mehr als 600 Tote pro Tag. Die Ärzte mussten entscheiden, wen sie noch retten und wen sie versterben ließen. In Deutschland und vielen anderen Ländern weltweit wollte man diese Situation mit allen Mitteln vermeiden, indem man die Menschen bat, die Sozialkontakte, soweit es ging, zu meiden. Nur dieses Mittel konnte die Infektionsrate senken und die Kurve so abflachen, dass nur ein einstelliger Prozentsatz der Bevölkerung gleichzeitig erkranken würde. Dies sollte dem Gesundheitssystem Zeit verschaffen, sich auf die Versorgung der Schwerkranken einzustellen und eine Überlastung der Intensivmedizin verhindern. Die Ärzte, Krankenschwestern und Pfleger in Italien und vielen anderen betroffenen Ländern leisteten Übermenschliches, um ihre Mitmenschen bestmöglich zu versorgen.

Aber wie ging den Ländern der sog. Zweiten und Dritten Welt, die ein wackliges Gesundheitssystem haben? Würde es hier nicht noch mehr Menschenleben kosten? Und was war mit den Million von Menschen, die tagtäglich noch verhungerten[2], in Kriegsgebieten oder auf der Flucht ums Leben kamen? Sie gingen mit Krisen und dem Tod viel gelassener um, so etwa die Menschen im Iran, von denen viele aufgrund der Sanktionen gegen dieses Land keine ärztliche Versorgung bekommen konnten. In den Ländern der Ersten Welt war der Tod so weit verdrängt worden, dass es jetzt einen großen Aufschrei gab, weil jeder dem Tod wieder in die Augen blicken musste. Diese Krise war aber auch eine große Chance, sein Mitgefühl gegenüber den Mitmenschen und seine Demut gegenüber dem Göttlichen wieder zu intensivieren, eben Islam zu praktizieren. Sie ist immer noch nicht vorbei! Auch wenn es uns in Europa schon wieder gut geht, im Rest der Welt wütet COVID-19 immer noch und wird voraussichtlich mehrere Millionen Tote innerhalb eines Jahres.[3]

Es gibt so Vieles, was wir nicht in der Hand haben, eingeschlossen dem Zeitpunkt, an dem wir in diese Welt eintreten und dem, wann wir sie wieder verlassen. Der Koran sagt, dass nur das Göttliche darüber Kenntnis hat, wann wir sterben:

---

[2]Laut der Welthungerhilfe waren im Jahre 2019 immer noch zwischen 690 und 840 Mio. Menschen vom Hunger betroffen, etwa 3 Millionen Kinder verhungern jährlich bevor sie das 5. Lebensjahr erreicht haben, denn sie wohnen in unterentwickelten Ländern!

[3]Bei Drucklegung lag die offizielle Zahl der weltweit Infizierten bei etwa 60 Mio., die der Toten unter 1,5 Millionen (davon weniger als 15.000 Deutsche) bei 7,5 Milliarden Menschen auf dieser Erde! Aber die Tendenz war immer noch in vielen Ländern stark steigend.

- Sure 67 Vers 1-2: Gesegnet sei der, in dessen Hand das Reich ist und der Macht hat über alle Dinge; der den Tod und das Leben erschaffen, um euch zu prüfen, wer von euch an Werken der Beste ist; und er ist der Mächtige, der Verzeihende.

- Sure 39 Vers 42: Allah nimmt die Seelen zu sich zur Zeit ihres Todes, und diejenigen, welche nicht sterben, in ihrem Schlaf . Und diejenigen, über die er den Tod verhängt hat, behält er...

Deswegen hatte ich mich während der Osterferien zum Freiwilligendienst beim Gesundheitsamt gemeldet. Guruji nennt es *Seva*, also einen Dienst aus Nächstenliebe. Auch die Yogis riefen alle dazu auf, den Anweisungen der Regierungen Folge zu leisten, den Abstand einzuhalten, sich bestmöglich zu schützen, aber auch so viel Solidarität und Hilfe den Mitmenschen zukommen zu lassen wie nur möglich. Da ich ja seit meinem Taucherlebnis[4] keine unmittelbare Angst mehr vor dem Sterben habe und meine innere Stimme mir sagte, dass ich ja schon so vieles im Leben erreicht habe und dieses Virus mir nichts Schlimmes anhaben würde, wäre ich auch bereit gewesen, in einem Sektor mit direkter Ansteckungsgefahr zu dienen. Das wurde Gott sei Dank aber von mir gar nicht verlangt, da meine medizinischen Kenntnisse dafür viel zu gering waren. Am Ende leistete ich nur etwas Unterstützung für das Krankenhaus, einen Kindergarten und Menschen aus der Risikogruppe, indem ich mehr als 100 Visiere mit dem 3D-Drucker fertigte, die als Tröpfchenschutz dienten. Der Dienst, den uns das Göttliche zuweist, ist nicht immer so spektakulär, wie wir denken. Ich war jedenfalls zufrieden damit.

---

[4]siehe Band I Seite 27

5.4 Ein paar Monate Normalität

Von Tag zu Tag wurden aus allen Ländern der Erde mehr Infizierte und auch Tote gemeldet, außer in China und Südkorea, wo die Pandemie schon abflaute und die Quarantäne sogar für die Stadt Wuhan aufgehoben wurde. So schrecklich wie diese Situation auch war, für manche Menschen konnte es nicht schlimmer werden. Der Bürgerkrieg in Syrien dauerte nun schon länger als neun Jahre und hatte mehr als 350.000 Menschen das Leben gekostet. Dagegen erscheinen die paar Tausend COVID-19-Todesfälle als sehr gering. Außerdem verhungern weltweit tagtäglich über 20.000 Menschen, die größtenteils noch Kinder sind. Auch hier zeigt sich, dass gewisse Fakten völlig ausgeblendet werden. Trotzdem waren und sind die Zahlen für COVID-19 erschreckend![5] Vor allem dicht besiedelte Gebiete trifft die Pandemie nun sehr hart, vor allem die Megacities mit ihren Slums! Wie mögen sich die Menschen in den Favelas von Rio wohl fühlen? Man versuchte bisher solidarisch zu sein. Sogar die Drogengangs mussten umdenken und haben verstanden, dass es jetzt wichtig ist, den Ausbruch irgendwie zu verlangsamen, sonst würden hier täglich bald mehr Menschen sterben als durch die Schießereien, wie sie in dem Film City of God [55] erschreckend dargestellt werden. In Brasilien spielte Präsident Bolsonaro die Gefahr der Pandemie als *Schnupfen oder kleine Erkältung* herunter und forderte die Leute auf, die Wirtschaft nicht stillzulegen. Diese Forderung war absolut berechtigt, aber trotzdem hätte sich die Regierung vor allem um größtmöglichen Schutz der Bürgerinnen und Bürger kümmern müssen. Als es ihn selbst erwischte, ließ er sich mit einem antiviralen Mittel behandeln, das viele Menschen in seinem Land sich nicht leisten können.

---

[5]Aktuelle Zahlen findet man auf: https://coronavirus.jhu.edu/map.html

Doch auch die wirtschaftlichen Folgen der *Covid-19-Pandemie* sind immer noch brandgefährlich und um mindestens eine Größenordnung höher als bei der Bankenkrise 2008. Diesmal war nicht die Finanzwirtschaft erkrankt, die nur einen kleinen Teil der Wirtschaftsleistung erbringt, sondern die Realwirtschaft, also die Mehrheit der Unternehmen. Fluglinien wie die Lufthansa bezifferten im Frühjahr ihren Schaden auf eine Million Euro pro Stunde und sagten schon im April voraus, dass sie nach der Krise ihren Flugbetrieb nicht ohne Staatshilfen wieder aufnehmen könnten. Der Bund genehmigte ein Paket von zehn Milliarden Euro zur Erhaltung der Airline. Die Bahn fuhr mit einer stark reduzierten Anzahl von Zügen und verringerten Fahrgastzahlen ebenfalls starke Verluste ein.

Ein wirksames Mittel des Bundes war und ist das Kurzarbeitergeld, bei dem das Arbeitsamt den Großteil der Bezahlung der nicht gebrauchten Arbeiter übernimmt. Als Lehrer musste ich keine finanziellen Verluste verkraften, sondern hatte nur mit den enormen Anforderungen der nun mit Lichtgeschwindigkeit vorangetriebenen Digitalisierung zu kämpfen. Aber die Reise- und Hotelbranche, die kleinen Läden, die Bekleidungsindustrie, die Künstler, die Gaststätten und Clubs und zu guter Letzt Sexarbeiterinnen und Menschen, die obdachlos sind und versuchten auf der Straße zu überleben, für sie alle war diese Pandemie eine existentielle Bedrohung! Nicht nur die Bundesregierung, sondern auch das europäische Parlament entwarf Mitte Juni 2020 ein historisches Investitions- und Hilfepaket im Umfang von 750 Milliarden Euro zur Stützung der betroffenen Staaten und zur Wiederbelebung der Wirtschaft nach der Krise, das im November mit dem Haushalt verabschiedet werden sollte.

Wochen waren vergangen. In Deutschland sanken die Infektionszahlen schon wieder, während sie in den USA und vielen Ländern Südamerikas und Afrikas stark stiegen. Mittlerweile gab es auch viel Missbrauch und Diskussionen, ob die riesigen Schulden wirklich sinnvoll waren und ob die kommenden Generationen überhaupt so viel zurückzahlen können. Am schwierigsten haben es Staaten, denen niemand Geld leihen will. Das Virus gefährdet dort auch Menschen, die nirgendwo gemeldet sind. Selbst in einem reichen Land wie den USA treibt es Millionen Menschen auf die Straße, um Nahrungsmittel zu empfangen, denn es fehlt das soziale Netz, das es in Europa gibt. Diese Pandemie ist also ein erster Stresstest für die ganze Menschheit, bei dem das Darwinsche Gesetz brutal zuschlägt. Sie ist noch lange nicht vorbei, auch wenn unzählige Firmen nun an der Entwicklung eines Impfstoffes arbeiten. Und selbst wenn diese Krise vorbei sein sollte, wird mit Sicherheit eine neue kommen.

Für den einzelnen Menschen kann diese globale Krise aber auch etwas Positives haben, ein Selbstfindungsprogramm, eine erzwungene Rückkehr zu einem Familienleben, wie wir es vor einigen Jahrzehnten hatten, falls die Familie noch intakt ist. Für andere Menschen, bei denen dies nicht der Fall ist, wird es oft aber auch zum Albtraum und häusliche Gewalt und dramatische Szenen verschlimmern die Situation noch zusätzlich. Für die alten Menschen bedeutet es Isolation und Einsamkeit, für Demente auch Unverständnis und Verzweiflung für das, was da gerade passiert. Für Menschen, die einigermaßen im Reinen mit sich selbst, ihrer Familie und ihrem Partner sind, kann jede Krise aber auch eine intensive und heilbringende Zeit sein. Das Gesangsduo Deva Premal und Miten haben diese Zeit als *das reine Leben (pura vida)* mit allen Höhen und

Tiefen bezeichnet, einfach deshalb, weil die Menschen wieder mehr mit sich selbst beschäftigt sind, sich auf das Wesentliche konzentrieren und sich mit dem Tod beschäftigen müssen. Die Meditation, die ich sowohl in diesem als auch im letzten Buch als heilsam beschrieben habe, kann uns hier konkret helfen, uns selbst zu erforschen, Freundschaft mit uns selbst zu schließen, unsere Schattenseiten kennenzulernen und sie anzunehmen. Selbst wenn das Göttliche beschlossen hätte, dass ich morgen diese Welt verlassen müsste, würde ich hier sitzen bleiben und versuchen dieses Buch zu vollenden, weil ich innerlich fühle, dass es meine Bestimmung ist, all diese wichtigen Erfahrungen für die nächsten Generationen aufzuschreiben, wie ich es mir von Opa Franz schon gewünscht hätte. Außerdem glaube ich daran, dass mein Tod, auf welches Datum er auch immer festgelegt sein möge, eine Gnade ist, weil ich an diesem Tag diesen Körper verlassen darf und in den körperlosen Zustand zurückkehren darf, über den ich als Kind schon geschrieben habe.[6] So lange aber bleibt dieses Leben für uns eine Schule, in der wir jeden Tag lernen müssen, uns neuen Herausforderungen stellen werden und hoffentlich jeden Tag daran wachsen werden, ob mit oder ohne Pandemie!

Eine interessante Erfahrung waren für mich auch die Videokonferenzen, in denen ich eine spirituelle Erkenntnis hatte: In der Regel muss man ja einem anderen Menschen gegenüberstehen, um seine Präsenz zu spüren und mit ihm zu interagieren. Nun aber waren wir alle gezwungen, uns während des Lockdowns nur noch virtuell in Videokonferenzen zu treffen. Nach ein paar Wochen fühlte ich mich auch auf diese Weise den betreffenden Personen ganz nahe, als wären sie im Raum präsent.

---

[6]siehe Band I Kapitel I

Ich konnte meine komplette Wahrnehmung auf die Person im Videochat fokussieren. Nun verstehe ich ansatzweise, wie Geistheiler und einige Heilige es schaffen, andere Menschen über die Ferne zu heilen. Sie tun es ganz ohne Videochat, nur indem sie sich auf die Aura dieses Menschen fokussieren und dann die Lebensenergie auf diese Person lenken. Auch wenn ich bereits ein Heilerseminar besucht habe, selbst schon bei Geistheilern war und einige Bücher hierzu gelesen habe, muss ich zugeben, dass meine Fähigkeiten diesbezüglich sehr bescheiden sind und ich will sie hier auch nicht öffentlich ausbreiten. Heilung ist immer auch ein Akt der Gnade! Wer Geistheilung spannend findet und darüber mehr erfahren will, dem empfehle ich den Film von Clemens Kuby *Aufstieg in die fünfte Dimension* [56], den ich ebenfalls bereits in Band I erwähnte.

5.5 Die zweite Welle

Der Sommer war endlich da und mit ihm ein bisschen Normalität. Sobald ich hörte, dass Reisen wieder möglich sind, buchte ich für die zweite Woche der Ferien ein Strandhaus in der Bretagne und zwei Unterkünfte in der Nähe von Paris für die Hin- und Rückfahrt. Wir wollten einfach alle raus und einmal etwas anderes sehen, obwohl wir ja hier auf dem Land nie wirklich eingesperrt waren. Letzte Woche telefonierte ich mit meinem Freund Edu, der in Buenos Aires lebt. Alle Menschen in dieser Megacity waren vier Monate in ihren Wohnungen eingesperrt gewesen und zum größten Teil ohne nennenswerte finanzielle Hilfen! Argentinien steht ohnehin schon seit zwanzig Jahren permanent an der Grenze zum Staatsbankrott, wie wir das in den drei Jahren Auslandsschuldienst am eigenen Leibe erfahren konnten. Die erste Woche der Ferien verging schnell. Sie waren gefüllt mit Pflasterarbeiten, Arztbesuchen, Aufräumen und zwei Schwimmbadbesuchen, denn wir hatten eine Familienkarte von einem kleinen Schwimmbad in der Nähe ergattern können. Die Enge des Lockdowns geriet von Tag zu Tag mehr und mehr in Vergessenheit.

Als wir dann das Auto packten und die 1200km-Reise Richtung Frankreich antraten, war die Freude groß. Wir fuhren komplett über Land, durchquerten Luxemburg, ein Stück von Belgien und kamen dann nach Frankreich. Es war einfach ein tolles Gefühl, dass die Grenzen wieder offen waren und man sich frei bewegen konnte. Man konnte unterwegs übernachten, frühstücken und picknicken, welch ein Luxus! Im Großraum Paris war es nicht ganz so lustig: Zwei Stunden Stau, bis wir endlich in der Nähe von Versailles in einem kleinen Hotel übernachteten. Die Gegend interessierte mich sehr, weil

mein Großvater hier fast ein Jahr in Kriegsgefangenschaft als
POW gedient hatte. Wir erlebten von der Veranda unseres
Hotels einen fantastischen Sonnenuntergang und nach ein paar
Sandwichs zum Abendbrot genossen wir die Ruhe der Nacht.
Auf der nächsten Etappe wollte ich unbedingt das Kloster
auf dem Mont-Saint-Michel besuchen. Deshalb hielten wir an
der Grenze der Normandie, in der im zweiten Weltkrieg die
alliierten Truppen gelandet waren, zur Bretagne nahe an der
Küste vorbei und suchten nach dem legendären Berg inmitten
des Wattenmeeres. Schon von Weitem sah man ihn und er
war auch gut ausgeschildert, zu gut, wie ich fand, denn als
wir ankamen, waren trotz der Pandemiesituation tausende
von Touristen dort, die auch das Kloster besichtigen wollten.
Wir beschlossen, uns schnell aus dem Staub zu machen und
unsere Reise fortzusetzen. Gegen Abend kamen wir an unserem
Strandhaus an, das wir ganz allein für uns hatten, und somit
war in unseren Augen alles coronasafe. Wir liebten die Spa-
ziergänge im Watt und das Baden im kühlen Meer, das leckere
französische Essen, das wir teils selbst kochten in unserer Hütte,
aber auch zweimal im Freien in einem Restaurant genossen
sowie die Ausflüge zu malerischen Orten an der rauhen Küste.

Die Bootsfahrt zu einer kleinen Insel und die anschließende
Besteigung eines 80 Meter hohen Leuchtturms über dessen
gewendelte Innentreppe, bei der ich zu allem Überfluss auch
noch meine Atemmaske tragen musste, führten mich an die
Grenze meiner Belastbarkeit. Ich wurde für einen Moment
klaustrophobisch und wollte nicht mehr vor- und nicht mehr
rückwärts, ganz zum Unverständnis meiner Familie. Trotzdem
war es ein wundervoller Urlaub, der damit endete, dass wir
uns auf dem Rückweg früh morgens noch die Gärten des
Versailler Schlosses ansahen, vor dem um 8:30 Uhr ebenfalls

schon mehr als tausend Touristen auf Einlass warteten. „Corona scheint sich also erledigt zu haben!", so dachten wir, als wir Versailles verließen. Wir hatten kurz noch überlegt, noch Paris zu besuchen, doch im Radio gab es schon Warnungen, dass die Zahlen im Zentrum von Paris wieder kritisch seien und über eine Maskenpflicht diskutiert wurde. Es war also eine gute Entscheidung, wieder nach Hause zu fahren und dort die Freiheit zu genießen.

Der Sommer ging schnell vorbei und die Schulen wurden geöffnet. Nun wurden wieder alle Schülerinnen und Schüler beschult, auch wenn teilweise immer zwei Kinder nebeneinander saßen und sie keine Masken tragen mussten. Man vertrat die Ansicht, dass es bei Kindern zu relativ wenigen Infektionen kommt. Auf den Gängen mussten Masken getragen werden und die Fenster blieben die ganze Stunde immer offen, so dass sich keine Aerosole bilden konnten, in denen größere Konzentrationen des Coronavirus sich anhäuften. So hoffte man der Pandemie adäquat zu begegnen, bis endlich die Impfstoffe fertig entwickelt waren. Die EU hat sich bereits positioniert und sich einen Großteil der weltweiten Produktion durch Verträge zugesichert, auch wenn die UNO warnt, dass das Coronavirus nur international bekämpft werden könne.

Die großen Volksfeste, die Konzerte und selbst die meisten Veranstaltungen auf den Dörfern fielen aus, so dass es neben der Arbeit kaum noch ein anderes Leben gab, ganz zum Leid der Künstler und der vielen anderen Menschen, die mit Veranstaltungen ihr Geld verdienten. Es war kaum einzusehen, warum man nicht auf ein Dorffest im Freien durfte, aber im Restaurant durfte man im geschlossenen Raum ohne Maske dicht nebeneinander sitzen und das Leben genießen. Selbst

Aikidotraining war wieder möglich, mit Kontakt und ohne Maske - es musste lediglich gelüftet, die Matten desinfiziert und eine Anwesenheitsliste geführt werden. Ab und zu wunderte man sich, dass jetzt wieder alles so locker zuging, wo das Virus doch keinesfalls besiegt war. Nur bei den offiziellen Veranstaltungen wurde strikt auf die Hygiene geachtet, bei den privaten Veranstaltungen begegnete man sich wieder ganz normal, vor allem auf Familienfeiern und Partys.

Endlich fand die Fortbildung mit der ESA-Astronautin Insa Thiele-Eich im Technikmuseum in Speyer statt. Ich freute mich sehr auf diese Begegnung. Die Bildungsministerin hatte ja schon im April viele Lehrer und Interessierte eingeladen (siehe Seite 58), aber das Treffen wurde natürlich wegen COVID-19 vertagt. Die Veranstaltung gab einen guten Einblick in das strikte Auswahlverfahren der ESA und das umfangreiche Training zur Vorbereitung auf die ISS-Mission, die entweder sie oder Frau Dr. Suzanna Randall als erste deutsche Astronautin antreten wird. Die junge Frau erschien mir sehr dynamisch und voll von Energie, wie ich sie sicherlich auch in jüngeren Jahren noch verströmte. Sie erzählte von ihrer Stelle an der Uni, der Tätigkeit in der Lokalpolitik, ihrem Leben als Mutter von mehreren Kindern und dass sie sich nebenher noch auf die vierwöchige Weltraummission vorbereitete. Respekt!

Diese Begegnung muss tief in mein Unterbewusstsein eingedrungen sein, denn ich habe noch Wochen danach davon geträumt, dass ich ebenfalls mich für eine Weltraummission vorbereiten musste, bei der unbedingt noch ein Physiker gebraucht wurde. Auch mein Kumpel Gerald, der sehr von der Fliegerei begeistert ist, redete noch oft von der Begegnung und dass sich der Abend trotz aller Widrigkeiten gelohnt habe.

5 Stresstest Corona

Die letzte Woche der Sommerferien hatte ich genutzt, um mich nach einem neuen Auto umzusehen. Da ich im Unterricht lange das Thema *Energiewende* behandelt hatte, verspürte ich nun, dass ich wohl neue Wege gehen müsse. Bisher hatte ich immer noch Bedenken, dass unser neues Familienauto statt eines Diesels ein Elektrofahrzeug werden könne. Ich hatte aber schon so ein Gefühl, welches Fahrzeug es denn werden könnte, wenn ich ein paar Kompromisse zuließe. Eine weitere Probefahrt mit der zweiten Generation des Fahrzeugs hatte mich dann wirklich umgehauen und sogar meine Frau fand auf Anhieb, dass dieses Auto schick, technisch ausgereift und sehr einfach zu fahren sei. Die Tatsache, dass es keinerlei CO_2 emittierte, interessierte sie dabei gar nicht so sehr. Aber genau darauf kommt es mir an, denn ich hoffe, dass es mein letztes Fahrzeug sein wird und ich bis zur Rente vielleicht nur noch einmal den Akku wechseln muss. Nun fahre ich es schon seit mehreren Wochen mit viel Freude und zu unschlagbar günstigen Betriebskosten, fühle mich aber wieder wie nach meinem Übertritt zum Islam, denn für alle Fahrer von Verbrennern bin ich jetzt ein Abtrünniger! Wenn man sich mit anderen Leuten über das Auto unterhält, versuchen diese oft mit Hilfe von abstrusen Behauptungen die Elektromobilität schlechtzureden, obwohl selbst die Regierung nun eindeutig auf diese Technologie setzt. Immerhin habe ich jetzt noch ein anderes Thema zum Quatschen neben Corona, bei dem man mittlerweile auf immer mehr Menschen trifft, die die ganzen Maßnahmen inakzeptabel finden und wütend auf die Regierung sind. Bei einem Besuch in Frankfurt an einem Wochenende habe ich mich gefragt, warum die Volksfeste abgesagt wurden und die Bundesliga ohne Zuschauer spielen muss, wo die Menschenmassen dort im Stadtzentrum dermaßen dichtgedrängt herumlaufen und Corona total vergessen scheint.

Wie erwartet, so steigen die Zahlen weltweit stark an. In Deutschland wurde an Halloween 2020 bei etwa einer halben Million Bundesbürgern das Virus schon nachgewiesen. Auf der tagesaktuellen Karte im Netz sind mittlerweile fast alle Landkreise rot eingefärbt. Trotzdem gab es bisher nur 10.500 Tote, was einer Todesrate von 2,1% unter den Infizierten entspricht. Weltweit ist die Todesrate sogar nur 0,23%, was eine kürzlich veröffentlichte Studie [57] bestätigt. Die Schulen und Kitas sollen so lange wie möglich geöffnet bleiben, die Wirtschaft und der Handel sollen auch weiter Geld verdienen können. Allerdings kündigt die Kanzlerin für den ganzen November einen erneuten Lockdown für die Bars, Restaurants, Fitnessstudios, Theater, Kinos, Zirkusse und viele andere Stätten an, in denen man dem Virus für ein paar glückliche Stunden entkommen könnte. Immerhin werden wir zehn Milliarden innerhalb eines Monats ausgeben, um hierfür Schadensersatz zu zahlen!

Deutschland geht gut mit der Pandemie um. Aber hier sind auch die Erwartungen hoch, weil kein Politiker sich traut, einfach zuzugeben, dass man im Einzelfall nicht jeden retten kann. Solche Pandemien haben in der Vergangenheit Millionen von Menschen das Leben gekostet. Als Lehrer muss ich jeden Tag in die Schule gehen und bin dem Risiko ausgesetzt, das mich das Virus vielleicht ins Jenseits befördern könnte. Bisher sind, Gott sei Dank, weltweit nur 1,2 Millionen Menschen innerhalb eine halben Jahres verstorben. Aber die Pandemie hat enorme wirtschaftliche Schäden angerichtet, die die künftigen Generationen erst einmal reparieren müssen. Es ist ein sehr schwieriges Unterfangen, den richtigen Weg zu finden, die Infektionsrate möglichst niedrig zu halten, um Menschenleben zu retten und gleichzeitig nur tolerierbare wirtschaftliche und psychische Schäden zu generieren.

Wir müssen uns damit abfinden, dass wir mit dem Risiko leben müssen. Ein Samurai würde sich sagen: „Jeder Tag ist ein guter Tag zum Sterben!", was seine große Untergebung und Unerschrockenheit ausdrückt. Wir sollten uns rüsten und niemanden unnötig gefährden, die Regeln setzen und auch diejenigen bestrafen, die sie brechen, aber wir sollten vor allem Gottvertrauen haben und nicht in Panik verfallen. Alle sieben Tage die Regeln umzudefinieren, hat nur zum Resultat, dass keiner mehr durchblickt und jeder dann doch macht, was er will. Die ganze Situation erinnert mich stark an die Instabilitäten in der Weimarer Republik vor etwa 100 Jahren, die mir von kurzem in der ARD-Serie Babylon Berlin noch einmal eindringlich vor Augen geführt wurden. Es bleibt zu hoffen, dass das Virus tatsächlich dazu da ist, die Menschheit dazu zu bringen, ihre Egoismen zu überwinden und zu einer Familie zusammenzuwachsen. Ansonsten droht ihr die totale Vernichtung, durch die Umweltzerstörungen, die sie zu verantworten hat. Das wäre letztendlich ein Genozid an den zukünftigen Generationen!

Mit der Wahl von *Joe Biden* zum 46. US-Präsidenten kommt wieder mehr Hoffnung auf, dass die USA bei der Verwirklichung der genannten globalen Ziele wieder mitwirken wollen. Hoffen wir alle, dass diese Pandemie die *Sintflut* unseres Zeitalters ist, die uns ins Bewusstsein bringt, dass wir alle in einem Boot sitzen und entweder zusammen gerettet werden oder alle untergehen. Lasst uns Phänomene wie den Trumpismus bekämpfen und die Errungenschaften der modernen Demokratien verteidigen!

Die nächsten 30 Jahre sind für uns selbst und für die nächsten Generationen entscheidend. Lassen wir sie nicht ungenutzt verstreichen!

5.6 Quo vadis, genus humanum?

Der Film *Interstellar* [58] zeigt in einer eindrucksvollen Dystopie, wie die Erde in Zukunft immer unbrauchbarer für uns Menschen wird, weil plötzliche Sandstürme auftauchen, die Nutzpflanzen an Mehltau zugrunde gehen und die Menschheit es kaum schafft zu überleben, trotz der offiziellen Abschaffung aller Militär- und Raumfahreraktivitäten. Cooper, die Hauptperson, begibt sich auf eine lange Reise zur Erkundung anderer potenziell bewohnbarer Welten, um so der Menschheit zu verhelfen, zu einer interplanetarischen Spezies zu werden. Im Film geht natürlich am Ende alles gut aus! Cooper erwacht auf einer Raumbasis im Orbit des Saturns, wo er alsbald aus dem Krankenhaus entlassen wird und wenige Wochen darauf seine Tochter empfängt, die er schon seit Jahrzehnten nicht mehr gesehen hat. Der Film soll Mut machen, dass die Menschen über alle Probleme hinauswachsen können, weil ihr Erfindergeist und ihre Möglichkeiten unbegrenzt sind, wenn sie endlich aufhören, sich gegenseitig zu bekämpfen und ihre Kräfte zu bündeln. Nur wenn wir Wege des Friedens finden, haben wir genug Ressourcen und Möglichkeiten, alle kommenden Probleme zu überwinden. Doch was von diesem Film ist überhaupt realistisch erreichbar und was bleibt Utopie?

Im August 2048 sind Mars und Erde sich am nächsten, so dass die Raumfahrtplaner behaupten, dass an diesem Datum die Menschheit mit Sicherheit den Sprung zum Mars versuchen wird. Multimilliardäre wie Elon Musk, der Chef von SpaceX und Tesla, werden dies vielleicht auch vorher schon versuchen, nur um Raumfahrtgeschichte zu schreiben. Aber die Natur ist gnadenlos. Beim heutigen Stand der Technik wäre eine solche Reise zwar möglich, aber da alle Systeme noch nicht hinreichend getestet wurden und viele Sicherheitsfragen noch ungeklärt sind, wäre die Überlebenschance der Astronauten nur einige Prozent. Sie müssten nicht nur gegen Sonnenstürme im All bestehen, sondern vor allem gegen sich selbst. Während des langen Flugs von mehreren Monaten würde es viele Gefühlsschwankungen und Konflikte geben, die dann zu Aggressionen oder Depressionen führen würden. Auch bei der Landung auf dem doch lebensfeindlichen Planeten würde niemand die Astronauten freundlich empfangen, sie körperlich und psychisch wieder aufbauen und ihnen helfen, sich zu erholen. Der harte Überlebenskampf würde dann erst beginnen und es wäre nicht klar, ob sie jemals zur Erde zurückkehren könnten, um dort den Rest der Familie zu sehen. Selbst Videokonferenzen wären keine Option, denn die Zeitverzögerung der Funksignale von der Erde zum Mars beträgt mehrere Minuten. Man könnte sich nur Videonachrichten hin- und herschicken. Derzeit konzentriert sich SpaceX auf die Shuttleflüge zur ISS und auf den globalen Ausbau des Internets über ein neues satellitenbasiertes System namens StarLink, für das ab 2020 nun regelmäßige Starts geplant sind, um die rund 42.000 Satelliten auf eine niedrige Umlaufbahn bei etwa 550km zu befördern. Auch hier gibt es schon viele kritische Stimmen gegen dieses Vorhaben.

Beim derzeitigen Stand der Technik wäre der Preis für eine Besiedlung des Alls viel zu hoch. Nicht nur, dass wir das körperlich und psychisch noch nicht verkraften, auch die Biosphäre würde durch tausende Raketenstarts mit konventionellen Treibstoffen irreparabel beschädigt. Es muss erst einen Technologiesprung geben, so dass Raumschiffe mit großer Leichtigkeit von der Erde aus gestartet werden können. Denkbar wäre eine ausgereifte Wasserstofftechnologie oder besser noch die Erfindung von Antigravitationsantrieben. Verfolgt man die UFO-Sichtungen in aller Welt, von denen beispielsweise die investigative Journalistin Leslie Kean berichtet [59], könnte es tatsächlich Wesen geben, die die vierdimensionale Physik beherrschen und überlegene Antriebssysteme verwenden. Vielleicht ist es ja ganz einfach und es fehlt nur ein ähnlicher Durchbruch wie damals die Quantenphysik. Die LED und der LASER sind prominente Beispiele, wie hocheffizient wir heute Licht erzeugen können. Vielleicht gelingt uns das Gleiche ja demnächst beim Verständnis der Gravitation und der Trägheit. Luftwaffenpilot J.M. Guerra berichtet jedenfalls in Kapitel 4 des besagten Buches, dass Objekte mit einer Geschwindigkeit von 2500km/h gesichtet wurden, die elliptische Bahnen flogen und Beschleunigungsmanöver durchführten, die Mensch und Material heute nicht überleben würden. Wie Carl Sagan es in seiner Serie Cosmos schon in den 70er Jahren erläuterte, wäre es einem höherdimensionalen Wesen sogar ein Leichtes, mit seinem UFO in unserer dreidimensionalen Welt plötzlich aufzutauchen und wieder zu verschwinden. Sagan erläutert das anhand der Geschichte eines Flatlanders, also eines Wesens, das nur zweidimensional wahrnehmen kann, das von einem dreidimensionalen Wesens Besuch bekommt und dieses als übermächtigen Geist auffasst. Eine neue und moderne Version dieser Geschichte, alias Dr. Quantum in Flatland, ist in dem Film [44] enthalten, den ich zuvor schon erwähnt hatte. Man findet diesen sehr sehenswerten Ausschnitt des Films auf YouTube. Neu eingearbeitet in diese Version sind spirituelle Fragen, ob diese höherdimensionalen Wesen Götter sind und ob man Erleuchtung erfährt, wenn man selbst zu einem vierdimensionalen Wesen wird.

Wie ich am Ende des ersten Teils meines Buches schon habe durchblicken lassen, gibt es hier noch viel zu erkunden. Die Möglichkeiten, sich weiterzuentwickeln, sind tatsächlich unendlich. Das betrifft sicher auch die Menschheit als Ganzes. Nur ob wir dazu wirklich die Erde verlassen müssen, das glaube ich nicht, denn die Erde hat uns in liebevoller Weise hervorgebracht und hegt uns seit Millionen von Jahren. Warum sollte sie uns auf einmal loswerden wollen?

Ich hoffe, dass möglichst viele Menschen den Bewusstseinssprung schaffen und sich in die neu entstehende friedliche Gesellschaft einfügen werden, denn die anderen Seelen, die diese Wandlung noch nicht schaffen, werden sich verabschieden. Was jeder tun kann ist klar:

> Sei bei dir selbst, zentriere dich! Meditiere und erlebe noch zu Lebzeiten den Zustand der Einheit, nicht erst zum Zeitpunkt des Todes. Nimm Verbindung auf mit deinem inneren Selbst, mit dem Göttlichen! Lass ab von den Einflüsterungen des Ego, das die Schriften als den Satan, den Widersacher des Göttlichen bezeichnen! Das Ego ist beschränkt in seinem Erkennen und kann dich nicht zum Glück führen. Ergib dich der göttlichen Intelligenz und vertraue auf ihre Gnade! Dann kannst du auch durch die Hölle gehen und dein Geist bleibt im Himmelreich, in jener Stille tief in deinem Innern. Das bedeutet es, ein spiritueller Mensch zu sein! Das bedeutet für mich wahre Ergebenheit - Islam!

Om, Sat Chit Ananda! Der Friede sei mit dir!

Dein Brahim

Finde deinen Weg!

Die Lösung des Chaos-Spiels ist das **Sierpinsky-Dreieck**. Es ist ein fraktales Objekt, welches durch viele Prozesse erzeugt werden kann! Es erlaubt einen Blick in die Unendlichkeit, denn es besitzt unendlich viele Löcher. Außerdem ist ist es selbst-ähnlich, d.h. jeder Teil der Figur ist eine verkleinerte Kopie des ganzen Dreiecks. – Quelle: Wikipedia

Literaturverzeichnis

[1] Paramhamsa Yogananda. *Autobiographie eines Yogi, https://books.google.de/books?id=a7qnPAAACAAJ.* Self-Realization Fellowship, 2002.

[2] Art of Living Foundation. Yoga, Meditation, Atemtechniken, Sudarshan-Kriya, Stille, http://www.artofliving.org.

[3] Isha Foundation. Isha Kriya - Techniken für das Wohlbefinden, http://isha.sadhguru.org/.

[4] Helmut Gollwitzer. *Die Christen und die Atomwaffen.* Christian Kaiser Verlag, München, 1981.

[5] Hans Jonas. *Das Prinzip Verantwortung.* Suhrkamp, Frankfurt am Main, 1984.

[6] Michael Ibrahim. *Bruder Brahim - Wege zwischen Welten.* Tredition, Hamburg, 2018.

[7] Bericht des Club of Rome zur Lage der Menschheit. *Die Grenzen des Wachstums.* Deutsche Verlags-Anstalt, Stuttgart, 1972.

[8] Secrets of the Dead. The Worlds Biggest Bomb. https://www.youtube.com/watch?v=JAQ3eP-sKeA, 2017.

[9] Peter Anthony. The man who saved the world. DVD, 2015.

[10] Abu Bakr Rieger (Hrsg.). Islamische Zeitung. https://www.islamische-zeitung.de/, 2020.

[11] Michael Haneke. Das weiße Band. DVD, 2009.

[12] Johannes Fried. *Kein Tod auf Golgotha.* C.H.Beck, München, 2019.

[13] Peter Kornbluth. Brazil marks 40th anniversary of military coup. https://nsarchive2.gwu.edu//NSAEBB/NSAEBB118/index.htm, 2004.

[14] Sri Sri Ravi Shankar. *Gott liebt Spaß.* Shankara Europe, Oppenau, 2005.

[15] Johanna Haarer. *Die deutsche Mutter und ihr erstes Kind.* Lehmanns, München, 1934. Auch zu finden im Netz unter: https://archive.org/.

[16] Flavio M. Cabobianco. *Ich komme aus der Sonne.* Ch. Falk-Verlag, Seeon, 1994.

[17] Nelemil. Ftm detrans: Wieso ich nicht mehr Transgender bin. https://www.youtube.com/watch?v=XDwhGVteLGc, 2020.

[18] Gisela Niemöller Barbara Hennings. *Ermutigen statt Kritisieren.* Herder, Freiburg im Breisgau, 2009.

[19] Mohamed Rida Beshir Dr. Ekram. *Kindererziehung im Westen.* Cordoba, Karlsruhe, 2003.

[20] Spiegel-TV und ZDF. Die neuen Nazis. https://de.wikipedia.org/wiki/Die_neuen_Nazis, 2012.

[21] ZDF. Staatsfeinde in Uniform. https://www.zdf.de/dokumentation/zdfzoom/zdfzoom-staatsfeinde-in-uniform-102.html, 2019.

[22] Fritjof Capra. *Lebensnetz - ein neues Verständnis der lebendigen Welt.* Scherz Verlag, Bern, München, Berlin, 1999.

[23] Lawrence Kohlberg. *Die Psychologie der Moralentwicklung.* Suhrkamp, Frankfurt am Main, 1996.

[24] IPCC. Reports on Climate Change. https://www.ipcc.ch/, 2020.

[25] Dr. habil. Sebastian Lüning. Klimawandel in Deutschland. http://www.klimawandel-in-deutschland.de/, 2020.

[26] NASA. Climate Data. climate.nasa.gov, 2020.

[27] Harald Lesch. Terra X - Klimawandel - der CO2-Beweis. https://www.youtube.com/watch?v=y-MBg5PlpmE.

[28] Gerd Scobel. Rettet die Erde. https://www.3sat.de/themen/rettet-die-erde-100.html, 2020.

[29] Christiana et al. Figueres. Three years to safeguard our climate. *Nature,* 2017.

[30] Liu Zhenmin. Ziele für nachhaltige Entwicklung. https://www.un.org/Depts/german/pdf/SDG2019. , 2019.

[31] N. Luhmann. *Soziale Systeme.* Suhrkamp, Frankfurt, 1984.

[32] Brigitte Görlitz Thomas Görlitz. *Von der Quantenphysik zum Bewusstsein.* Springer, Stuttgart, 2016.

[33] Brigitte Görlitz Thomas Görlitz. *Der kreative Kosmos.* Springer, Stuttgart, 2013.

[34] Volker Pispers. Bis neulich! 2012. https:// www.youtube.com/watch?v=qYVCmZnsh6g, 2012.

[35] Dr. Zakir Naik. Dr. Zakir Naik's 10 Minute Response to Sri Sri Ravi Shankar. https:// www.youtube.com/watch?v=6jnbE4ypfSY.

[36] Mahatma Ghandi. *Mein Leben oder Die Geschichte meiner Experimente mit der Wahrheit.* C.H. Beck, München, 2000.

[37] Richard Attenborough. Gandhi - der Film. https:// www.imdb.com/title/tt0083987/, 1982.

[38] Morihei Ueshiba. *Budo.* Werner Kleistkeits Verlag, Heidelberg, 1997.

[39] Paramahamsa Yogananda. *The Second Coming of Christ.* Self-Realization Fellowship, Los Angeles, 2007.

[40] Roy Eugene Davis. *Kriya-Yoga.* Libri Books on Demand, Bad Hersfeld, 2000.

[41] Anselm Grün und Ahmad Milad Karimi. *Im Herzen der Spiritualität.* Herder Verlag, Breisgau, 2019.

[42] Ahmad Milad Karimi. *Der Koran. Vollständig und neu übersetzt.* Herder Verlag, Breisgau, 2009.

[43] Amatullah Abdullah. Die letzte Predigt des Propheten Muhammad: Eine abschließende Ermahnung. https://www.islamreligion.com/de/articles/523/die-letzte-predigt-des-propheten-muhammad/.

[44] Betsy Chasse und Matthew Hoffman William Arntz, Mark Vicente. What the bleep do we know?! https://www.horizonworld.de /what-the-bleep-do-we-know-dvd-online/, 2004.

[45] Osho. Community Homepage. https://www.osho.com.

[46] Osho. Marriage and Children. https://www.youtube.com/watch?v=5ocbZhRQS9I, 2007.

[47] Carsten Upadek. Planet Wissen: Was ist eine Sekte? https://www.planet-wissen.de/kultur/religion/, 2019.

[48] Wolfgang Vieweg. *Nachhaltige Marktwirtschaft.* Springer Gabler, Wiesbaden, 2017.

[49] Constantin Schreiber. *Inside Islam: Was in Deutschlands Moscheen gepredigt wird.* Econ, Berlin, 2017.

[50] Gabriele Krone-Schmalz. *Eiszeit.* C.H.Beck, München, 2017.

[51] Oliver Stone. Edward Snowden. https://snowden-film.com/, 2016.

[52] Prof. Dr. Hans Küng. *Projekt Weltethos.* Piper, München, 1996.

[53] Johannes Kalliauer. Die Kurve abflachen. https://de.wikipedia.org/wiki/COVID-19-Pandemie, 2020.

[54] Diverse. Covid-19-Pandemie. https://de.wikipedia.org/wiki/COVID-19-Pandemie, 2020.

[55] Katia Lund Fernando Meirelles. City of God. https://www.imdb.com/title/tt0317248/, 2002.

[56] Clemens Kuby. Unterwegs in die nächste Dimension. https://clemenskuby.com/produkt/unterwegs-in-die-naechste-dimension-stream/, 2003.

[57] John P. A. Ioannidis. Infection fatality rate of covid-19 inferred from seroprevalence data. *Bulletin of the World Health Organization*, 546(7660):593–595, 2020.

[58] Christopher Nolan. Interstellar. https://www.imdb.com/title/tt0816692/.

[59] Leslie Kean. *UFOs*. Kopp, Rottenburg, 2012.

Stichwortverzeichnis

Inhalt Band I - Wege zwischen Welten

Zeitfracht Medien GmbH
Ferdinand-Jühlke-Straße 7
99095 Erfurt, Deutschland
produktsicherheit@kolibri360.de